———

종교는 믿고 보고,
과학은 보고 믿는 것이라면
오악에는 과학적 인과성과 종교적 신비성
모두 놀랄 정도로 어우러진 문화유산이다.

박
정
원 朴定遠, Park Jung Won

2020년 12월 현재 신문기자 생활 18년, 잡지기자생활 15년 하면서 2019년 기자로서 유일하게 '산림보호에
앞장서 국가발전에 기여한 공로'를 인정받아 국무총리 표창까지 받았다. 산에 관한 기사를 열심히 쓴 덕분이다.
산은 신을 만나는 곳이다. 그래서 신을 만나기 위해서 열심히 들락거렸다. 고대로부터 다양한 인물들이 산신이
돼서 좌정하고 있었다. 그 결과물로『신이 된 인간들』을 출판했다. 신만 있는 것이 아니라 인간들이 신을
만나기 위해 열심히 오르내렸다. 그들이 왜 걷는지 궁금했다. 지금은 고인이 된 세계 여성 최초 에베레스트를
등정한 다베이 준코와 최초로 고비사막을 걸어서 횡단한 베르나르 올리비에 등을 직접 만나서 이유를 물었다.
그 결과물이 두 번째 출판된『내가 걷는 이유』이다. 산에는 신과 인간 못지않게 그들이 걷고 걸었던 자취가
있었다.『옛길의 유혹, 역사를 탐하다』에 그 길의 역사와 사연을 고스란히 담았다.
이번에 발간한『중국 오악 기행』은 한국인이 가장 많이 찾는 중국 산에서 만난 음양오행사상과 유불도 삼교에
관한 내용이 핵심이다. 어떻게 오악이란 산에 이렇게 무궁무진한 사상들이 녹아들어 있을까 하고 무척이나
놀랐다. 역시 산은 단순한 실체의 대상으로서만 아니라 관념의 대상으로서 존재한다는 사실을 다시 한 번
깨달았다. 우리들의 산에서는 찾기 쉽지 않은 내용들이다.
산은 무궁무진한 미지의 영역이다. 우리의 산에서는 사람들이 등산이라는 실체의 대상으로서만 삼아서 그런지
관념의 대상으로 연구하는 결과물은 별로 없는 듯하다. 나의 관심은 여기에서 출발했다. 지금도 산에 대한
다양한 시각으로 부단히 대상을 찾아서 쓰고 있다. 그 결과물이 머지않아 또 나올 것이다. 나의 노력들이
산을 다양하게 접근하는 원동력과 밑거름이 되기를 기대해본다.
조선일보 편집부 기자를 거쳐 월간〈산〉편집장을 지냈다. 지금은 선임기자로 있다. 부산대 사회학과, 고려대
언론대학원을 졸업했다.
2003년 보건복지부 장관상과 2019년 국무총리 표창을 수상했다. 서울대 교양과정 '산과 인생' 특강과 강원도
인재개발원 주재 공무원 특강도 했다. 산림청 산하 한국등산트레킹센터 비상임 이사 및 인사위원과 국립공원공
단 사업평가 심사위원도 역임했다.

중국 오악 기행

오악은 음양오행 순환원리와
유불도 삼교의 문화적 결정체

박정원

민 속 원

왜 지금 중국 오악The five sacred mountains in China인가? 그 필요성부터 먼저 짚고 넘어가야겠다. 중국 오악을 사람들이 알기나 할까, 혹은 관심이나 있어 할까? 무엇이라고 생각할까? 원초적 의문부터 들었다. '21세기 우주를 왕복하는 시대에 2,000여 년 전 웬 케케묵은 이야기를 다시 꺼내는 것인가'라는 생각까지 떠올랐다.

하지만 이 '우주'가 오악의 핵심 키워드이다. 첨단과학시대에도 풀리지 않는 우주에 대한 본질적 의문은 아직 그대로이고, 2,000여 년 전 고대 중국이 사용했던 학문과 사상도 여전히 그대로 답습하고 있다. 그렇다면 그 학문과 사상이 무엇인지 구체적으로 다시 한 번 살펴볼 필요가 있다. 이렇게 오랜 세월 답습하고 있는 학문은 아마 신神이나 종교, 자연과 우주문제 외에는 없을 것이다. 어떻게 보면 중국 오악이 인간의 근원적인 신神이나 종교문제일 수 있다는 생각이 든다. 이게 바로 중국 오악기행을 쓰는 본질적 이유이다. 나아가 음양오행이라는 고대 이론을 조금 더 깊이 있게 접근해보고자 하는 개인의 지적욕구를 해소하기 위한 차원이기도 하다.

중국인들의 의식은 유불선 삼교의 합일과 음양오행사상이 무의식속에 잠재해 있다고 해도 과언이 아니다. 무는 유로, 유는 무로 돌고 도는 게 자연현상이고 우주순환의 법칙이다. 그 법칙을 설명하는 도구가 바로 유불선 삼교이고, 음양오행사상이다. 유교는 유有로, 도교는 무無로,

불교는 무無와 유有가 차별 없는 본질을 강조한다. 순환의 법칙에서 어느 하나가 부족하거나 지나치게 많을 때는 이상 현상이 발생한다. 확대해석하면 지금 지구상에 각종 바이러스가 10여년 마다 발생하는 것도 인간이 자연을 지나치게 훼손한 결과, 그로 인한 자연의 복수 또는 환경의 재앙으로 볼 수 있다. 인간의 자연훼손이 지나치면 자연복원기능을 잃어버려 강력한 재앙으로 돌아와 다시 원위치 시키는, 즉 순환의 법칙으로 가기 위한 과정으로 해석하기도 한다. 실제 지금 창궐하는 코로나바이러스는 자연(환경)의 보복으로 해석하는 학자들도 상당수 있다. 이것이 바로 자연과 우주의 선순환을 강조하는 음양오행사상과 그 맥락을 같이 하며, 지금도 그 이론은 여전히 유효한 것이다. 오악에 이러한 내용들이 그대로 녹아들어 있다.

음양오행사상과 유불선 삼교가 고스란히 녹아들어 있는 오악 중에 가장 핵심인 동악東嶽 태산을 처음 방문했을 그 순간을 다시 떠올려본다. 매순간 받았던 충격과 감동은 지금도 기억에 생생하다. 처음 태산을 방문했을 때 너무나 신기하고 신비해서 일주일 동안 태안시에 머물면서 네 번이나 각각 다른 코스로 태산 정상을 오르내렸다. 같은 산을 다른 코스로 일주일 동안 네 번이나 정상을 밟은 경험은 인생에서 유일무이하다. 태산이라는 이국의 산에서 본 생경하면서 친숙한 장면, 그리고 문화적 충격과 감동은 아직도 뇌리를 떠나지 않고 남아 있다. 그 문화적 충격과 감동을 해결하지 못한 아쉬움은 내내 머리에 부담으로 남아 맴돌았다. 언젠가 어떠한 방식으로든 풀어야만 한결 부담을 덜고 머리도 시원해질 것 같았다.

아는 것만 본다고 했다. 차라리 이 편이 훨씬 더 나았을지 모르겠다. 더 이상 지적욕구를 해결하려고 하지 않았을 것이기 때문이다. 아는 것만 보고 모르는 건 그냥 넘어가고….

다른 한편 아는 것만큼 보인다 했다. 아는 것만큼 보려고 하는데 모르는 것도 계속 보인다. 여기저기 널려져 있다. 더 알고자 파고 또 파고들었다. 파고들어도 도대체 어디까지 가야하는지 모를 지경이었다. 죽을 때까지 파고들어도 다 파악할 수 없을 것 같다. 오악을 방문하면 할수록 그 오묘한 깊이는 점점 더해갔다. 끝을 알 수 없다. 그게 오악이다. 오악에는 자연과 우주, 신과 종교가 녹아들어 있다. 어디서부터 짚고 넘어가야 할지 제대로 판단이 서질 않았다. 그냥 단순히 오악을 하나씩 기행문 형식으로 쓰는 건 너무 단순하게 느껴졌다. 눈에 보이는 장면, 머리에 들어오는 내용은 무궁무진했다. 이를 어떻게 풀어나가야 할지, 어디서부터 짚고 넘어가야 할지 그게 문제였다. 신과 종교, 자연과 사상이 뒤엉킨 융합과 통섭의 장인 오악은 또한 바로 중국 사상의 함축장이자 동양사상의 본질 같았다.

태산에서 받은 감동의 잔상은 10년이 훨씬 지났지만 아직까지 여전하다. 정상 부근 마애석각, 황제들의 글씨, 온갖 형상의 다양한 신들, 옥황상제 등등…. 태산을 수차례 오르내리면서 동악 태산이 이 정도면 나머지 오악은 과연 어느 정도이고, 어떤 모습일까 궁금했다. 내친 김에 동악뿐만 아니라 오악 전체를 돌아보고자 했다. 한 바퀴를 돌고, 또 한 바퀴 돌았다. 오악을 두 차례 돌면서 어떨 때는 비가 와서, 또 다른 때는 눈이 내려서, 또 다른 때는 너무나 짙은 안개로 정상에 오르지 못할 때가 있었다. 다행히 두 바퀴나 도는 관계로 최소 한 차례는 정상을 밟을 수 있었다. 정말 아는 것 이상 보였고, 참고자료나 취재를 통해 아는 것 이상의 내용에 대해 조금씩 감을 잡아 갔다. 오악을 두 바퀴 돌고나서 '정말 이럴 수가⋯'라는 느낌이 제일 먼저 들었다. 태산을 처음 접했을 때와 별로 다르지 않았다. 이것 자체도 신기했다. 지적 호기심이나 초심은 시간이 갈수록 당연히 식어 가는데, 오악에 대한 신기하고 신비한 감정은 오악을 두 번이나 다 돌 때까지 더하면 더했지 결코 덜하지 않았다. 나 스스로도 놀랐다.

10여 년 전 태산 정상 전각에 있는 도교 최고의 신 옥황상제상을 촬영하기 위해 카메라를 갖다 댔다. 그 옆에 있던 관리인이 양팔로 X자를 표시하며 "No Photo"라고 고함치던 그 장면은 지금도 기억에 생생하다. 최고의 신에게 인간이 카메라로 촬영하는 것 자체가 그들의 눈에는 불경스럽게 비쳤을 수 있을 것이다. 그들의 신이자 종교의 모습 일부를 확인하는 순간이기도 했다. 이후 다양한 장면을 눈으로 파악하고 카메라에 담기 위해 태산에 있는 전각이나 건물을 하나도 빠뜨리지 않고 일일이 답사했다. 그리고 서악 화산, 남악 형산, 중악 숭산, 북악 항산을 차례로 돌았다. 태산만을 방문한 건 수차례 된다. 정상을 올라간 건 10여 차례 이상 될 것 같다. 중국문화의 깊이를 조금 더 파악하기 위해 여기저기 방문한 것까지 포함하면 중국을 수십 차례나 방문했다.

갈 때마다 받았던 충격은 정말 이루 다 형언할 수 없다. 알면 알수록 오묘한 문화에 대한 충격은 더 크게 다가왔다. 오악에 하나씩 다가갈 때마다 느낄 수 있었던 그 무한한 이론과 사상의 깊이는 보는 나로 하여금 항상 모골을 송연하게 했다. 어떻게 이렇게까지 여러 다양한 장면을 통일성을 유지한 채 일사불란하게 맥락이 통하도록 해지할 수 있었을까? 가는 곳마다 한 치의 오차도 없이 짜임새 있게 음양오행의 이치에 맞게 표현돼 있었다. 어떻게 이렇게 철저하게 사상과 이론으로 무장했을까. 그것도 오악이라는 산에서 말이다.

중국인들에게 산이 무엇일까? 얼마만큼 중요한 학문의 수단이나 사상의 대상이었을까. 아니면 고대의 사상을 표현할 장소가 산이었을까. 동양사상, 아니 동양철학이라는 음양오행사상은 또 과연 무엇일까? 무한한 깊이와 이론을 파악하면 파악할수록 끝이 없었다. 그 사상은 정확히 알 수 없지만 우주(자연)인 건만 분명했다. 그렇다, 바로 우주였다. 21세기의 우주와 고대의 우주는 전혀 다른 개념과 철학, 사상을 낳았지만 본질은 똑같은 대상이었다.

코로나바이러스로 세계화가 다시 탈세계화로 변하고 있다는 소식이다. 각각의 국가들은 국경을 폐쇄하거나 출입을 통제하고 있다. 출입국시 2주간 격리하는 게 일반화 된 세계다. 탈세계화는 지역화, 지방화다. 다시 소단위로 끼리끼리 사는 사회로 돌아가는 형국이다. 하나로 된 지구촌에 살며 "우리는 하나다"를 함께 외치다, 어느 순간 "너희는 너희끼리, 우리는 우리끼리"를 외치는 대변혁의 시대가 도래하고 있다. 하지만 너희끼리의 모습도 우리의 모습도 세계 어디서나 볼 수 있는 투명한 세상이 된지는 이미 오래 전 일이다. "우리 모두 함께"가 맞을지, "끼리끼리 따로"가 맞을지 아무도 모른다. 과거로 다시 돌아가는 듯 하지만 옛날의 지역화, 지방화는 분명 아니다. 앞에서 언급했듯이 세상은 기본적 작동원리가 분명 있는 듯하다. 세상의 작동원리가 무는 유로, 유는 무로 순환하는 자연현상이거나 우주의 법칙일 수 있다. 우주의 법칙은 과거에도 있었고, 현재에도 있고, 미래에도 있을 것이다. 다만 과거의 법칙과 미래의 법칙은 다를 수 있다. 결국 순환인 것이다. 인간이 만든 순환이 아니라 자연과 우주의 법칙에 의한 순환인 것이다.

여기서 다시 오악을 다시 꺼낼 수밖에 없는 분명한 사실이 하나 있다.

오악은 우주와 자연현상을 설명하는 음양오행이론과 밀접한 관련이 있다. 그 음양오행은 2,000여 년 전이나 지금이나 변한 게 하나도 없다. 2,000여 년 전에 만들어진 이론을 아직 그대로 사용하고 있다. 일종의 종교와 같은 가치를 지닌 사상이자 학문이다. 종교도 2,000~3000년 전의 가르침을 최첨단과학이 판치는 현대에 아직 그대로 가르친다. 우주를 향하는 과학과 기술은 엄청난 발전을 이뤄냈지만 그 발전은 단순히 그 작동원리와 과거에 학문적으로 언급한 내용을 과학적으로 조금 더 구체적으로 밝힌 내용들뿐이다. 2000여 년 전 확립했던 내용을 지금 조금 더 밝히려 하고 있지만 큰 틀에서 보면 우주의 본질적 내용과 법칙조차 제대로 파악하지 못하고 변죽만 울릴 뿐이라 해도 과언이 아니다. 인간의 우주에 대한 규명은 과학과 기술이라는 현재의 발전 도구와 우주의 작동 원리를 철학적·인문학적으로 규명하려 했던 과거의 지식이 양립하는 양상으로 이해할 수 있다. 종교의 본질도 이와 별로 다르지 않을 것 같다.

지금 현대에 존재하는 몇몇 종교도 2,000~3,000여 년 전 가르침에 비해 무엇이 발전했고, 무엇이 달라졌을까? 큰 차이가 없을 것 같다. 코로나로 인해 지금 전 세계가 변하고 있다. 종교와 사상, 학문도 예외 아니다. 포스크 코로나After Corona의 세상은 어떻게 변할 것인가가 초미의 화두로 떠오르고 있다. 다들 저마다 전망을 내놓고 있다. 코로나가 1~2년 더 지속된다고 하니 섣불리 예측할 수도, 장담할 수도 없는 상황이다. 종교도 엄청난 변화를 겪을 수밖에 없다. 미래 종교의 모습은 과연 어떠할지 정말 궁금하다. 일부에서는 신은 죽고 인간 개인이 더욱 중요시되는 모습을 띨 것이라고 예측한다. 다시 말해, 성스러운 존재보다 개인의 영성靈性을 밝히는 세상이 될 것이라는 전망이다. 지금은 미래불확실성의 시대이자 동시에 미래전망시대이다. 사람들은 미래에 대해 과거 어느 때보다 더 관심을 기울이고 있다. 미래학자 전성시대라고 해도 과언이 아니다. 인간의 욕망을 오욕에서 미래욕을 덧붙여 육욕으로 수정해야 하지 않을까 싶다.

세상의 미래는 굳이 역사학자의 주장을 들먹이지 않더라도 그 일부를 과거에서 찾을 수 있다. 과거는 미래를 보는 창이다. 하지만 절대 전부 다 볼 수는 없다. 빌 게이츠 같이 인터넷으로 세상을 바꾼 혁명은 완전히 다르고 새로운 장면이다. 그것은 신천지이기 때문에 과거를 뒤돌아본다고 해서 파악될 미래가 아니다. 하지만 혁명적 변화 외에는 과거를 통해 일부 미래를 엿볼 수 있다. 그래서 과거는 미래의 일부를 찾는 단서로 활용될 수 있다.

그렇다면 지금 중국 오악이라는 고대의 우주세계로 돌아가서 그 사상과 이론을 깊이 있게 녹여낸 산을 하나씩 돌아볼 명분이 생겼다. 왜? 탈세계화, 아니 지역화로의 회귀 시대에 그 당시 유행했던 음양오행사상과 이론이 무엇인지, 오악에 어떻게 녹아들었는지, 혹시 과거와 지금 바뀐 게 있는지 돌아보고 살펴보면서 미래를 일부 전망해 볼 수 있는 근거가 되기 때문이다.

과학이 지금보다 발전하지 못했던 그 시절 우주의 작동원리를 왜 목-화-토-금-수라는 오행으로 규명했는지, 그리고 유불선 삼교는 우주를 어떻게 인식하고 나타내려 했는지 파악하는 게 과학과는 다른 차원의 인간 본연의 철학적, 운명적 모습일 수도 있다. 이러한 학문들이 현대의 과학 발전을 다른 차원에서 보충하고 견인할 수 있을지 모른다. 시대의 흐름은 고대와 똑같이 반복되지 않겠지만 미래의 상황을 또 다른 내용으로 어느 정도 추정할 수 있을 것이다. 가능성은 무수히 열려 있다. 『중국 오악 기행』은 그 하나의 가능성을 살펴보고자 하는 의미일 수도 있다.

음양오행이론은 아직까지 우리 사회의 많은 부분에서 영향을 미치고 있다. 음양오행이 우주 작동의 원리이자 동양사상이다. 그 음양오행의 원리가 도교와 불교에 고스란히 스며들어 뼈대를 이룬다. 도교는 무사상을 확립하기 위해서 유를 알아야 한다. 이 때 유有는 유교의 유儒가 아닌 유명有名, 즉 기氣를 말한다. 음양오행사상과 기사상이 합쳐져 도교적 세계관의 골격을 이룬다. 곁가지로 샤머니즘(무속신앙)과 산악숭배사상이 덧붙여진다. 오악에는 산악숭배사상과 음양오행, 민속신앙, 그리고 중국의 신화까지 총 망라돼 녹아 있다. 예를 하나 들자면, 중국 신화에 나오는 3황5제 중의 최고의 신이 동악 태산 청제궁에 모셔져 있는 복희씨이다. 이와 같이 알고 보면 보이는 게 너무 많다. 모르면 그냥 지나친다. 갈때마다 받았던 충격도 이 때문이다.

도교는 당나라 시절 국교로 지정된 종교이다. 고구려는 도교가 불교 못지않게 융성하게 발전했다고 전한다. 백제는 이에 대한 기록이 없어 정확히 알 수 없다. 신라 화랑도는 불교보다 도교의 영향이 더 컸다고 해석하는 학자들도 있다. 그만큼 도교도 불교 못지않게 한반도에 많은 영향을 끼쳤다. 도교의 한반도 자생론과 중국 전래설 등 아직 논란이 많은 부분이 있지만 어쨌든 도교가 중국과 한반도에 많은 영향을 미쳤던 건 분명한 사실이다. 당나라에 이어 송나라 때도 도교는 불교 이상으로 사상적·종교적 영향은 여전했다.

중국인들에게 "종교가 무엇이냐"고 물으면 많은 사람이 "종교에 관심이 없다"고 한다. 이는 현대 들어 문화혁명 때문이다. 하지만 조금 더 깊이 있게 물으면 "불교에 더 가깝다"라고 말한다. 전문가에게 물으면 "중국인의 심성에는 도교가 깊숙이 퍼져 있다"고 강조한다. 마치 한국인이 불교나 산신山神에 대해 가진 무의식과 같은 깊은 심성과 마찬가지인 것이다.

한반도에서도 조선시대까지 '소격서'라는 국가 기관에서 도교의 흔적을 찾을 수 있다. 소격서는 도교의 일월성신日月星辰을 구상화한 상청上淸·태청太淸·옥청玉淸에 제사를 지내기 위해 삼청동에 성제단을 설치하고 초제醮祭를 지내던 기관이다. 하늘과 별자리, 산천에 복을 빌고 병을 고치게 하고 비를 내리게 기원하는 국가의 제사를 도맡았다. 조선 유신들의 끈질긴 폐지 주장으로 조선 중종 때 없어졌다가 많은 서민들이 현실적으로 기복신앙의 형태로 유지하자 다시 복원됐다. 하지만 임진왜란이 끝난 뒤 선조 25년(1592)에 완전 폐지됐다. 이후 관리하는 국가기관이나 공식 행사는 모두 사라졌지만 2,000년가량 한민족에 미친 풍습과 신앙생활은 이미 우리 실생활 속에 상당히 녹아들어 생활의 일부가 된 상태다. 단지 사람들이 무심코 넘어갈 뿐이다. 지금 그 흔적은 우리의 전통신앙과 혼재된 채로 옥황상제, 칠성신앙, 산신신앙, 부적, 오방신, 서낭신(성황신), 토지신 등 다양한 형태로 남아 있고, 주변에서 어렵지 않게 볼 수도 있다.

중국 오악을 통해 고대인들은 우주의 작동원리를 어떻게 파악하고 인식했으며, 오악 각각에 나타난 산의 형태는 어떤 것이며, 어떤 차이가 있으며, 그 속에 녹아든 도교는 무엇이고 또한 그 신은 누구이며, 우리 문화에 얼마만큼 영향을 미쳤는지 돌아보는 것도 코로나 이후 변화된 탈세계화 시대를 대처하는 데 일부 도움이 되지 않을까 싶다. 왜냐하면 모든 게 자연의 순환에 의한 결과이기 때문이다. 그 자연을 인간이 완전히 파악할 수 없기 때문에 많은 사상과 이론, 나아가 종교까지 낳았다. 결국 오악은 사상과 학문의 세계를 넘어 신의 문제이고, 종교의 문제일 수도 있다는 느낌까지 든다. 그게 중국인들의 변하지 않은 정신세계를 지배하는 본질일 수 있다. 그것이 지금 중국 오악 기행을 쓰는 본질적 이유이기도 하다.

오악은 세계유산의 보고라 해도 과언이 아니다. 2020년 기준 중국은 이탈리아를 제치고 55개로 세계유산 최다 보유국으로 떠올랐다. 2019년 등재 이전까지는 이탈리아가 54개로 가장 많았지만 중국이 그 해 2개를 추가 등재하면서 최다 보유국 자리에 오른 것이다. 중국의 세계유산 중에 오악과 관련한 문화재가 무려 8군데나 된다. 동악 태산부터 세계복합(문화+자연)유산으로 등재됐다. 공자의 고향 곡부와 공묘, 용문석굴, 진시황릉과 병마용갱, 운강석굴, 불교 성지 오대산, 천문산, 장가계 및 양가계 등이다. 이를 각각의 오악에 주변 관광지로 덧붙여 소개한다. 같이 가보면 좋을 만한 명승지들이다.

2021년 2월
박정원

차례

들어가는 말 · 5

제1부

―

오악과 음양오행 및
유불도 삼교

―

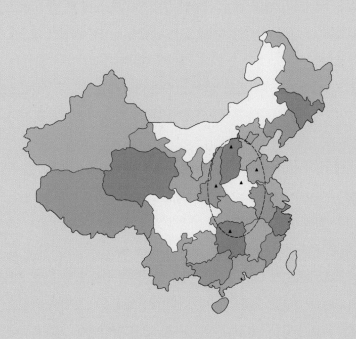

●

오악의 지정배경과 지정시기

오악을 얘기하기 전에 먼저 '산이란 무엇인가'에 대해 한 번 살펴보자. 우리가 흔히 산에 대해 말하지만 이는 관념의 대상과 실천의 대상으로 두 부분으로 나눠 설명할 수 있다. 실천의 대상은 우리가 흔히 오르는, 즉 등산하는 대상으로서의 산을 말한다. 반면 관념의 대상으로서의 산은 종교나 기도 등 고대로부터 행해졌던 숭배 대상으로서 여겼던 산을 가리킨다.

고대에 내린 산의 개념을 살펴보면 그 의미를 일부 이해할 수 있다. 중국 허신이 서기 100년경 펴낸 『설문해자說文解字』에 따르면, '산은 편다는 뜻이다. 기를 펼쳐서 분산시켜 만물을 낳는데, 돌이 있고 높다. 그 형태를 본뜬 글자이다山, 宣也, 宣氣散, 生萬物, 有石而高, 象形.'라고 정의하고 있다. 다시 말해, 산은 기 그 자체이며, 기를 분산하여 만물을 낳는 것이며, 형태적으로는 돌이 있고 높은 것이다. 산의 생산성이 모든 만물의 원천인 기를 낳고 분산시키는 근원적인 성격을 지녔음을 나타낸다. 고대로부터 산은 전형적인 관념의 대상으로 여겨져 온 사실을 알 수 있다.

중국 후한시대 유희가 서기 200년경 쓴 『석명釋名』에서도 산의 생산성을 강조하고 있다. '산이란 생산하는 것을 말한다. 생산이란 사물을 낳는 것이다山, 産也, 山, 生物也.' 『석명』은 수많은 사물의 명칭을 27개 부문으로 분류하여 나눈 뜻풀이 책이다. 따라서 산은 생산을 강조하는 의미의 단어다.

공자도 비슷한 내용의 말을 했다. "산이란 만인이 우러러 보는 대상이다. 초목이 산에서 나서 자라고, 만물이 산에 뿌리를 내리고 번식하며, 새들이 산에서 둥지를 틀고, 짐승이 산에서 쉰다. 사방에서 몰려들어 취하면 그들에게 주고, 구름을 일으키고 바람을 인도하며 천지의 사이에서 우뚝 서 있다. 천지는 이것으로 이루어지고, 국가는 이것으로 안녕을 얻는다. 이것이 어진 사람이 산을 좋아하는 이유다(『논어』 「인자요산仁者樂山」)."

그런데 여기서 산과 같은 개념으로 사용하는 악嶽의 개념도 또한 살펴볼 필요가 있다. 왜냐하면 우리가 무심코 산과 악의 개념을 구분 않고 사용하거나 혹은 산악을 한 묶음으로 사용하는 경우가 많기 때문에 악의 개념을 정확히 알고 사용하는 것과 차이가 있을 수 있기 때문이다. 『한자어원사전』에는 악에 대해서 '산이 겹겹이 중첩된 모습으로 큰 산을 말한다. 이후 언덕 구丘와 산의 결합으로 바뀌어 지금의 자형이 됐다. 이후 다시 구 대신 옥獄을 더해 악嶽을 만들었다. 감옥처럼 겹겹이 중첩된 큰 산을 말한다. 사악四嶽이나 오악五嶽과 같이 천하의 명산을 말하며, 이후 높은 산을 지칭하기도 한다. 또 사방의 산에게 드리는 제사를 주관하는 관리의 이름으로도 쓰였다'라고 설명하고 있다. 『설문해자』는 오악에 대해 '악은 동쪽의 대岱, 남쪽의 확霍, 서쪽의 화華, 북쪽의 항恒, 중앙의 태실이니, 왕자가 순수하면서 이르는 곳이다'라고 설명한다. 우리나라의 주희도 산과 악의 구분에 대해 '악은 산의 존엄한 것이다嶽, 山之尊者也.'라고 남겼다.

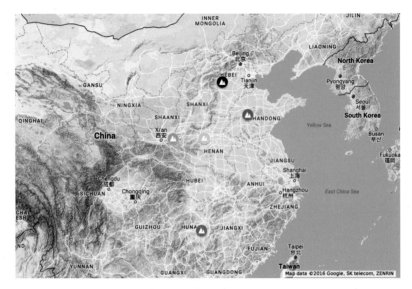

중국 전도에 표시된 오악　최초의 오악으로 추정된다.

　　이와 같이 고대로부터 악은 큰 산을 가리키거나 큰 산을 관리하는 관직명을 나타냈다. 이에 중국 오악은 그 악의 개념을 바탕에 두고 이해하면 더 쉽게 다가갈 수 있을 것이다.

　　중국의 오악은 중원이 최초 통일 될 즈음 생겨났다고 보는 것이 정설이다. 오악은 동악 태산泰山(Tai Shan), 서악 화산華山(Hua Shan), 남악 형산衡山(Heng Shan), 북악 항산恒山(Hang Shan), 중악 숭산嵩山(Song Shan)을 가리킨다. 오악은 단순히 동·서·남·북·중 다섯 개의 큰 산과 그에 대한 지리적 범위를 나타내지만 그 본질적 내용에 있어서는 다섯 개 산의 지칭에만 그치지 않고 음양오행과 다양한 사상이 결합된 중화민족의 문화적 상징이라 할 수 있다.

　　오악의 각각의 산엔 음양오행사상과 주역, 전통신앙에 산악신앙, 민속신앙, 그리고 중국의 신화까지 총 망라하고 있다. 민속신앙 중에 대표적인 중국의 천지개벽 신화에 '반고盤古가 죽은 후에 머리는 동악이 되고,

중국 오악 기행

배는 중악이 되고, 왼팔은 남악이 되고, 오른팔은 북악이 되고, 발은 서악이 되었다盤古氏頭爲东嶽, 腹爲中嶽, 左臂爲南嶽, 右臂爲北嶽, 足爲西嶽.'는 내용이 나온다. 육조시대 임방任昉이 쓴 『술이기述異記』에 그 내용이 상세히 실려 있다.

따라서 오악으로 상징되는 중원이라는 공간은 중화민족의 문화적 정체성을 확인시켜주는 자리인 동시에 지리적·문화적 상징물로 전승되어 왔다. 그래서 2,000년이 지난 지금까지 '오악'이라는 전통이 그대로 계승되면서, 중국인들이 신봉하고 따르는 대표적인 종교문화로 자리매김하고 있다.

오악의 최초 지정 시기는 정확히 알려져 있지 않지만 지금의 틀로 확정된 것은 대체로 진시황이 중국 통일과 함께 중국의 강역을 대표하는 지리적 상징으로 오악을 확정했다고 볼 수 있다. 물론 그 이후에 지리적 상징뿐만 아니라 정치적·종교문화적 영역으로까지 확대된 것은 주지의 사실이다.

〈표 1〉 역사상 五嶽의 확정 과정

朝代	東嶽	西嶽	南嶽	北嶽	中嶽	依据
夏, 商, 周 (B.C 2071~B.C 221年)	不祥	不祥	不祥	不祥	不祥	『尙書』 『周禮』
奏(前221年~前206年)	泰山	華山	霍山 (安徽天柱山)	恒山 (山西渾源)	嵩山	『尙書·大傳』, 北嶽제사는 曲陽에서
漢~南北朝 (前206-581年)	泰山	華山	霍山 (安徽天柱山)	河北大茂山 (也稱恒山)	嵩山	『漢書·郊祀志』
隋~元 (581~1368)	泰山	華山	衡山	河北大茂山 (也稱恒山)	嵩山	『讀史方輿纪要』
明~清 (1368~1660)	泰山	華山	衡山	恒山 (山西渾源)	嵩山	
清(1660~1912)	泰山	華山	衡山	恒山 (山西渾源)	嵩山	

최초의 오악은 중국 주나라 왕실의 관직제도와 전국시대 각 국의 제도를 기록한 유교경전인 정현鄭玄이 쓴『주례周禮』에 자세히 소개된다. 이에 따르면, '순舜과 우禹의 시대에 이미 산천 제사를 지내면서, 5년 마다 한 번씩 순수했다'고 기록하고 있다. 주나라는 중국이 가장 평화롭고 안정됐던 삼대三代시대, 즉 하·은(상)·주시대를 통틀어 마지막 주 왕조를 지칭하는 것으로서 기원 전 1,000년 전후 존재했던 왕조로 전한다. 그렇다면 오악의 최초 지정 시기는 상고시대라고 할 수 있는 B.C 2,000~1,500년경으로 추정할 수 있다. 이후 B.C 100년경 쓴 것으로 알려진 사마천의『사기』에서 오악이 완전히 정착된 것으로 소개된다.『사기』봉선서에서『주례』『상서』를 인용하면서 '대종 태산, 남악 형산, 서악 화산, 북악 항산, 중악 숭산'을 구체적으로 언급하고 있다. 이로 볼 때 오악은 기원 전 진시황 통일 훨씬 전부터 존재했고, 진시황이 중원을 통일한 이후 지금의 형태로 정착됐을 것으로 짐작할 수 있다. 다시 말해, 진시황이 중국 통일과 함께 중국의 강역을 대표하는 지리적 상징으로 오악의 기본 틀을 확정했다고 볼 수 있다.

　　이를 뒷받침하는 근거로 앞에서 언급한 '악嶽'이라는 개념에서 일부 엿볼 수 있다. 오악의 '악嶽'은 원래 춘추전국시대와 그 이전에는 큰 산을 관리하던 관직명이었다. 어느 산이 악으로 지정됐다는 것은 그 악은 국가 관리에 의한 관리 대상이며, 그 '악嶽'의 산신에게 제사를 올렸다는 사실을 의미한다. 우리나라에서도 '악'자 명칭이 붙은 산들이 많지만, 그 산들의 역사를 살펴보면 단순히 바위가 많고 험해서 악산이라 지칭했다기보다 산신제나 국가제전 행사를 치른 큰 산이고 국가의 산이라는 사실을 많은 기록에서 알 수 있게 해준다.

　　중국 전한 때 발간한 경전으로 전하는『상서』에는 '순舜임금은 선기와 옥형을 통하여 북두칠성을 관찰하고 상제에게 제사를 지냈으며, 천지

사계절에게 제사를 지냈고, 산천에 제사를 지냈으며, 여러 신에게 제사를 지냈다. 이 해 2월 동쪽으로 순수를 나갔다가 대종岱宗에 도착했다. 대종은 태산이다. 땔감에 불을 피워 산천의 순서에 따라 망제를 지냈다. 마침내 동후를 접견했는데, 동후는 제후들이다. 사계절과 달을 일치시켰고, 간지를 바로 잡았으며, 음률과 도량형을 통일했으며, 오례를 정리했다. 5월에 남악으로 순수를 갔는데 남악은 형산이다. 8월에는 서악으로 순수를 갔는데 서악은 화산이다. 11월에는 북악으로 순수를 갔는데 북악은 항산이다. 모두 대종의 예를 따랐다. 중악은 숭고산崇高山산인데 5년에 한 번 순수를 했다'고 기록하고 있다. 목화토금수 계절의 순환에 따라 순수한 월도 각각 달리한 사실을 기록을 통해서 그대로 알 수 있다.

따라서 중국은 오악의 지정과 함께 계절에 따라서 오악에서 지내는 제사를 국가적 중요 행사로 여겼다는 사실을 파악할 수 있다. 이를 봉선封禪이라 한다. 봉선은 봉과 선의 결합으로 봉封은 태산 위에서 흙을 쌓아 단을 만들어서 하늘의 공로에 보답하는 것이며, 선禪은 태산 아래의 작은 산에서 땅을 깨끗이 정리한 뒤 땅의 공로에 보답하는 것이다. 봉선은 세 가지 역할을 한다. 첫째, 군권의 신성성과 왕권의 정통성을 선양한다. 황제는 천명을 받은 뒤 제도를 정리하고 하늘에 부응한 뒤 비로소 봉선을 진행할 수 있다. 둘째, 사이四夷가 권위에 복종하는 태평성대를 과시하고 제왕의 문치를 찬송하는 행위이다. 혁명에 성공한 뒤 그 결과를 신명에게 알리기 위한 절차이기도 하다. 셋째, 신선이 되어 장수를 기원하는 행위이다. 봉선의 대상이 되는 태산은 사람이 죽은 뒤 혼백이 돌아가는 곳이다. 저승세계를 관장하는 태산부군은 바로 여기서 유래한다. 따라서 대종岱宗 위에는 사람의 수명을 알 수 있는 금궤옥책金櫃玉冊이 있다는 속설까지 존재한다.

역대 황제들은 오악에 제사를 지냄으로써 자국의 영토(지리적 공간 개념으

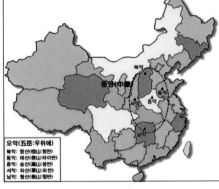

한 선제가 기원 전 1세기경 지정한 것으로 추정되는 오악

로 순수(巡狩)라는 사실을 널리 알리고 확인하는 동시에 국민들로부터 성군의 반열로 인정받고자 했던 사실을 분명히 알 수 있다. 순수는 천자가 천하의 질서를 유지하는 대표적 수단의 하나였다.

오악에서의 봉선과 순수는 영토의 장악을 표명하는 동시에 정복과 통제의 상징으로 보았다. 또 황제와 연관시켜 정복의 영광과 함께 불로장생과 산악숭배를 연결시켜 황제의 순수와 신선神仙의 천상 유람을 오버랩시키

는 상징성까지 만들었다. 결과적으로 봉선은 정복의 힘, 군권의 신성화, 지역통합을 이룬 제국의 상징으로까지 군력을 조작하는 효과를 낳았다. 그만큼 중화민족에 있어서 오악의 상징성은 매우 컸다.

역대 사서에 기록된 오악 제사의 내용을 보면 오악이 얼마나 중요한지 알 수 있다. 동악의 경우 봉선과 순수에 해당하는 황제 친림親臨 제사 22회, 황제의 망제望祭 4회, 관리파견 치제 192회, 남악의 경우 황제 친림 제사 2회, 황제 망제 1회, 관리파견 치제 123회, 서악은 황제 친림 제사 9회, 관리파견 치제 127회, 중악은 황제 친림 제사 13회, 황제 망제 4호, 관리

중국 오악 기행

파견 치제 113회에 이른다. 이와 같이 오악 제사는 통치의 표상이자 민간신앙으로 체화되는 양상으로 점차 확산된다.

오악을 세계문화유산으로 지정하기 위한 노력의 일환으로 발표한 중국 학자들의 논문에서 오악에 대한 중국인들의 가치와 중요성을 엿볼 수 있다..

> "오악은 중국 역사 시기 왕조 강역疆域 판도의 핵심지역이며, 강역을 통일한 왕조의 군주가 사방을 순수하며 하늘과 땅에 봉선을 거행한 곳이자, 여러 종교의 세계관이 모여 (유불도)삼교와 온갖 유파들이 함께한 곳이다." (북경대 도시환경대학 교수, 한양대 오수경 교수, 『중국의 오악』, 2009 재인용).

> "오악은 중국 고대 왕조 국가의 강역 좌표이자 국토 상징이며, 오악의 범위는 구주九州, 신주神州, 화하지역의 또 다른 표현으로, 이들 오악은 서로 나눌 수 없는 문화적 통일체이다." (북경대 지구공간과학대학 팀 교수 학생, 한양대 오수경 교수, 『중국의 오악』, 2007 재인용).

> "중화오악은 세계 유일의 연원을 자랑할 정도로 오래됐고, 지금까지 명산의 전통이 이어지는 산이다. 우리의 오랜 전통을 반영하며, 중화문명발전사의 산 증인…. 중화 오악은 중화민족의 전체적인 문화를 대표한다. … 중화문명을 드높이는 일이며, 당대뿐 아니라 천추에 이로움이 될 것이다." (북경대 도시환경대학 교수 학생, 한양대 오수경 교수, 『중국의 오악』, 2011 재인용).

세계유산재단World Heritage Center이 1987년 세계문화 및 자연유산으로

태산을 지정하면서 평가Brief Synthesis한 내용을 홈페이지에서 인용하면
다음과 같다.

"태산은 특별한 역사적, 문화적, 미적, 과학적 가치를 지닌 중국의
가장 유명한 성산聖山 중의 하나이다. 신석기 시대부터 인간이 거주하
였고, 약 3,000년에 걸쳐 지속적으로 숭배 받아왔다. 고대로부터 동아
시아 문화의 요람이 되어 왔다. BC 219 이전부터 산악숭배의 중요한
제의 대상이었고, 그 때 중국 통일의 성공을 신에게 알리고자 진의 천
자인 황제 자신이 봉선을 거행했다."

"Mount Taishan is the most famous sacred mountain of China,
with exceptional historic, cultural, aesthetic and scientific value.
Settled by humans as early as the Neolithic (a Dawenkou site is
nearby), the mountain has been worshipped continuously throughout
the last three millennia. A large and impressive rock mass covering
25,000ha and rising to 1,545 above the surrounding plateau, Mount
Taishan is considered one of the most beautiful scenic spots in
China and was an important cradle of oriental East Asian culture
since the earliest times.

The mountain was an important object of the cult worship of
mountains even before 219 BCE, when the Qin Emperor, Huang Di,
paid tribute to the mountain in the Fengshan sacrifices to inform the
gods of his success in unifying all of China. On the mountain there
are 12 historically recorded imperial ceremonies in homage to
Heaven and Earth, about 1,800 stone tablets and inscriptions, and 22

temples, which together make Mount Taishan the most important monument in China, a world-renowned treasure house of history and culture."

결론적으로 오악은 지리적 공간의 개념인 국경에서, 나아가 국경을 넘어 신적인 존재를 통해 국가를 방어하려는 절대권위적 개념이 등장하면서 종교문화적 개념으로까지 승화 발전한다. 따라서 오악은 지리적 개념과 종교·문화적 개념, 문명적 개념으로까지 다양하게 함축한 것으로 파악할 수 있다.

02

●

음양오행과 오악

중국인들은 왜 하필 우주만물의 변화현상을 다섯 가지로 설명했을까? 이는 중국인들이 '5'라는 숫자를 특히 좋아하는 데서 비롯된다. 5라는 숫자는 완성을 의미한다. 그래서 모든 현상을 음양오행과 같이 다섯 가지로 설명하는 것이다. 중국 국기도 오성홍기로 나타난다.

오악에 나타난 다양한 사상은 음양오행으로 대표된다. 음양오행은 우주 만물의 변화양상을 다섯 가지로 압축해서 설명하는 이론이다. 오행은 우주 만물의 기본 다섯 가지 요소인 목木·화火·토土·금金·수水를 말한다. 목은 뭉쳐 있지만 유약한 것이고, 화는 정밀하지만 적은 것이고, 토는 실하지만 흩어져 있는 것, 금은 강하고 견고한 것, 수는 많으나 허한 것을 상징하면서 순환한다. 이는 음이 성하면 양이 쇠하고, 양이 성하면 음이 쇠하는 태극사상의 원리와도 맥이 통한다. 다시 말해 고대로부터 인간들은 길흉화복吉凶禍福, 생로병사生老病死, 우주는 성주괴공成住壞空, 자연은 생주이멸生住離滅하는 순환하는 법칙을 찾아냈고, 그것을 오행이라고 했다.

〈표 2〉 음양오행과 오악과의 관계

오악 음양오행	동악	남악	중악	서악	북악
오행	목	화	토	금	수
오색	파랑靑	빨강赤	노랑黃	하양白	검정黑
오방	동	남	중	서	북
오계	봄春	여름夏	장하長夏	가을秋	겨울冬
오성	목성	화성	토성	금성	수성
오관	눈目	혀舌	입口	코鼻	귀耳
오수	청룡靑龍	주작朱雀	기린黃麟	백호白虎	현무玄武
오상	인仁	예禮	신信	의義	지智
오성五星 (산의 혈법穴法)	목체	화체	토체	금체	수체
오악의 神	태호(청제)	축융(적제)	헌원(황제)	금천(백제)	전욱(흑제)
도교의 신	봉현태공동천	주릉태허동천	상현사진동천	태극총선동천	태을총현동천

　　오행은 상생설과 상극설로서 우주나 인간계의 현상을 설명한다. 이것이 이른바 오행사상이다. 오행의 상생은 목은 화를 생하고, 화는 토를, 토는 금을, 금은 수를, 수는 목을 생한다고 하는 순환법칙이다. 상극은 수는 화를 이기고, 화는 금을 이기고, 금은 목을 이기고, 목은 토를 이기고, 토는 수를 이기는 원리다. 여기서 우리는 오행에서 말하는 목은 단순히 나무가 아니고, 나무의 특성을 가진 현실을 얘기하는 것이다. 나무처럼 무럭무럭 자라나는 생명력 있는 현실이 바로 오행론의 목인 것이다. 목은 또한 생명의 시작에 속한다. 화는 불이 아니고, 물질을 용해하여 변화시키는 작용을 하는 속성을 지닌 것을 말한다. 토는 흙이 아니고, 모든 것을 중화시키는 도량역할을 한다. 토의 성질은 생물을 자라게 하고 자기 몸을 헌신하는 속성을 가리킨다. 금은 돌이 아니고, 한랭하며 싸늘하고 나무처럼 포근한 느낌이 없는 속성을 나타낸다. 수는 물이 아니고

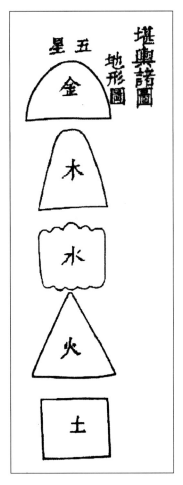

오성, 산의 혈법 산의 형세에 따라 오성으로 나뉜다. 금체는 부드럽게 둥근 원형이고, 목체는 손톱처럼 곧게 솟은 모양이고, 수체는 구불구불 물결 흐르는 모양이고, 화체는 불꽃처럼 날카롭게 솟은 모양이고, 토체는 네모 반듯한 형세의 산 생김새를 말한다(출처 : 이중환의 『택리지』).

아래로 향하는 모든 물질은 수의 기질에 속한다. 물은 높은 곳에서부터 낮은 곳으로 흘러가며, 생명력과 원동력을 상징한다.

오악에 대한 순수와 봉선이 애초에 이뤄질 즈음엔 오행의 개념은 없었지만 B.C 4세기에서 3세기 경 음양오행사상이 유행하면서 자연스럽게 오악에 오행의 상징이 더해지게 됐다고 전한다. 그 음양오행은 오방과 오색, 오상에 이어 나아가 산의 혈법六法, 즉 오성까지 아우른다. 오방은 동·서·남·북·중앙과 그에 따른 색깔로 청·적·황·백·흑 오색으로 나타나며, 오상은 유교에서 말하는 다섯 가지 갖춰야 할 기본 덕목인 인·의·예·지·신을 말한다. 여기에 목·화·토·금·수 우주만물의 변화양상을 상징하는 오행을 각각 대비시켰다.

오행은 중국인들이 우주, 즉 세상을 바라보는 절대적인 사고체계이자 원리이며, 지금까지 그대로 전승되고 있다. 중국인들은 왕조의 흥망성쇠와 자연만물의 성쇠까지를 오행의 순환과 결부시켜 파악하고자 했다. 세상의 운행 원리인 오행은 목木

중국 오악 기행

에서 시작해서 목은 화火를 낳게 하고, 화는 토土를, 토는 금金을, 금은 수水를, 수는 다시 목을 낳게 한다는 세상의 순환 변천의 이치이다. 또한 이것이 오행의 상생이고, 우주 만물의 변화양상을 5가지로 압축해서 설명하는 이론이다. 중국의 역대 황제들은 음양오행에 따라 세상의 통치와 자국민의 평안을 위해 오악에 올라가 천신과 산신에게 제사의 예를 올리며 기도했다. 황제들이 즉위 후 오악에 올라 천신과 산신제를 지낸 사례와 자취는 지금까지 오악에 남아 있는 각종 마애석각을 통해 확인할 수 있다.

오성은 산의 생김새를 설명한다. '금체의 산'이라 부르는 금성은 부드럽고 둥근 원圓 모양이고, '목체의 산' 목성은 손톱처럼 곧은 직直의 모양이고, '수체의 산' 수성은 구불구불 이어진 곡曲의 모양이고, '화체의 산' 화성은 불꽃처럼 날카로운 예銳의 모양이고, '토체의 산' 토성은 네모나서 반듯한 방方의 모양이다.

오방과 오색, 오상, 산의 혈법까지 모두 녹아든 오악 중에 으뜸인 동악 태산을 예로 들어보자. 태산에 가면 동악이라는 한 가지 요소만 살펴볼 것이 아니라 오방과 오색, 오상, 산의 혈법까지 종합·복합적으로 그 요소를 전부 살펴봐야 태산의 총체적 의미를 파악할 수 있다.

태산은 오방으로는 동쪽이어서 동악, 오색으로는 동쪽을 상징하는 청색, 오상은 인仁, 산의 혈법은 목체의 산에 해당한다. 오행으로는 목木을 나타낸다. 목은 단순히 나무를 얘기하는 것은 아니다. 나무의 특성을 가진 우주의 현실을 상징한다. 나무처럼 자라는 생명력 있는 현실을 나타내는 것이다. 물론 다른 오행도 마찬가지이다.

이러한 요소들이 태산에 가면 어떠한 형태이든 전부 표현돼 있다. 그러니 모르는 사람들은 자연스럽게 그냥 넘어갈 수밖에 없다. 하나의 요소도 제대로 파악하기 쉽지 않은데 여러 요소를 복합적으로 살펴보기는 사실상 매우 복잡하고 난해하다. 그런데도 유심히 관찰하면 일관성 있게 나타난다. 그 다사불란 같은 일관성이 보는 사람으로 하여금 오싹하게 만든다. 현지 전문가들은 지금은 전통이나 일관성이 많이 훼손된 상태라고 말하지만 살펴보는 방문자에게는 그 깊은 사상으로 인해 모골이 송연할 정도로 감동적이다.

03

●

유불도 삼교와 오악

　　오악은 고대 중국에 있어서 하늘과 지상을 잇는 성스러운 공간이었다. 따라서 오악에는 자연스럽게 불교와 도교, 유교가 제각각 녹아들었다. 우리가 흔히 얘기하는 유불도儒佛道 삼교는 중국 문화에 있어서 삼교 합일의 형태를 띤다. 절대 배타적이지 않다. 따라서 중국문화를 얘기할 때 어느 한 가지 요소만을 놓고 얘기하는 건 전체를 보지 못한다고 해도 과언이 아니다. 통섭이고 융합이다. 각 개별 종교엔 독자적인 신이 존재하지만 중화민족들에게는 독자적인 신을 여러 종교의 신들과 함께 봉안하는 모습을 전혀 어색하지 않게 여긴다. 오히려 '왜 함께 할 수 없느냐', 나아가 '그것 세 가지 전부 우리 문화'라는 태도다. 종교의 통합성이랄까. 이러한 다신多神문화는 중국문화, 나아가 동아시아문화의 가장 큰 특징이자 동시에 서양문화와 비교되는 가장 큰 차이점이기도 하다. 섣부른 지적일 수도 있지만 서양의 기독교가 중국과 인도, 일본 등에 교세를 확장하지 못하는 가장 큰 이유이기도 하다. 다신사상과 문화가 전통적으로 이들 국가의 지배적인 가치로 자리 잡아 있고, 국민들의 심성에 깊이 녹아 있기 때문이다.

동아시아 종교에서 가장 주목할 부분은 유일신 사상의 부재이다. 초월적인 절대자로서 유일신이 존재하지 않는다. 초인적인 존재를 상정하고 영적인 존재를 인정하지만 절대성을 지닌 인격적 유일신을 인정하지 않는다. 자연과 우주의 범신론적인 특성을 지닌다.

또한 동아시아 종교는 초월을 추구하더라도 어디까지나 시간과 공간 속에서 추구한다. 기독교의 신은 시공을 초월한 절대자이며, 그로 인해 시간의 흐름에 따른 역사성에서 다소 벗어나 있다. 따라서 역사의 기원과 종말에 깊이 관련돼 있다. 반면 동아시아문화는 기본적으로 순환론적인 시간관을 가진다. 따라서 종말이 아니라 개벽을 상정하는 것이다. 서양의 창조론과 동양의 무시무종, 서양의 종말론과 동양의 순환과 개벽으로 서로 대비된다고 할 수 있다.

이처럼 약한 배타성과 상호공존, 유일신사상의 부재, 시간과 공간 속에서 절대의 추구는 동아시아 종교문화와 그 전통을 잇는 기본적 사상이다. 유불도 삼교의 본질도 이 맥락에서 별로 벗어나지 않는다.

유불도 3교의 본질적 측면에서 보면, 유교는 有를 중심으로 현상계를 설명하려 했고, 불교는 有와 무無 사이의 차별이 없음을 강조하려 했다면, 도교는 무위자연사상에서 보듯 무無사상을 확립했다는 점이 가장 큰 특징이라 할 수 있다. 또한 유교가 중국의 사회, 국가의 질서, 학문·기술을 통치자의 입장에서 규명하고자 한 반면, 도교는 종교적 요소를 중심으로 서민·민중의 입장에서 밝히고자 했다는 점에서 차이가 난다. 따라서 도교는 유교에서 배격한 미신이나 도깨비, 귀신신앙까지도 신앙 대상으로 포함한다. 다시 말해서 유교는 국가나 왕조라는 관료, 지식인의 입장에서 나온 교학이고, 도교는 민民, 즉 농민과 일반 민중의 신앙을 대변하는 종교라고 할 수 있다. 따라서 도교는 중국 국민들의 심성에

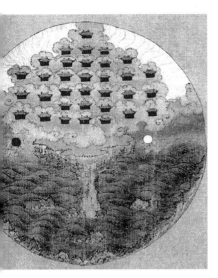

중국 신화에 신들이 있는 곳으로 나오는
상상 속의 산 곤륜산 이미지

깊이 녹아들어 일상생활의 한 모습으로 자연스레 나오고 있다.

유불도 삼교 모두 우주와 자연의 법칙 및 인간을 설명하면서 유와 무의 순환성과 무차별성을 강조하는 것은 중국 문화, 나아가 동아시아문화의 가장 큰 특징이다. 생노병사, 성주괴공, 즉 성쇠와 통합 및 순환은 우주와 자연의 법칙이라는 것이다.

이러한 중국의 삼교합일의 전통은 이미 송나라 때 제창한 구호에서 확인할 수 있다. 유불도 삼교가 애초부터 합일의 형태를 띤 건 아니다. 창건시기도, 창건국가도, 교주도 각각 다르다. 삼교합일 이전까지는 서로 경쟁관계를 유지하면서 발전해 오다가 송대에 이르러 삼교합일이 된다. 그 전통이 1,000여년 이전부터 융합이 된 것이다. 따라서 중화민족들의 심성엔 1,000여 년 동안 세습화 되면서 전혀 이질적인 문화가 아닌 이름만 달리 했지 마음으로는 하나라고 해도 과언이 아닐 정도인 것이다. 송나라 효종이 "이불치심以佛治心, 이도치신以道治身, 이유치세以儒治世"라는 구호를 제창함으로써 삼교합일을 완성한다. 불교로서 마음을 다스리고, 도교로서 몸을 다스리고, 유교로서 세상을 다스린다는 뜻이다. 결과적으로 삼교가 다르지 않고 합쳐야 완성된다는 의미와 맥을 같이 한다. 송대 이후 중국의 종교는 삼교의 교류와 습합이 보편화 되고, 민간 도교의 경우 민속신앙뿐만 아니라 다양한 사상과 융합되어 무속적 양상으로까지 나타난다.

오악의 사묘祠廟들에서 이러한 양상을 어김없이 확인할 수 있다. 남악

현공사 삼교전에는 노자, 부처, 공자를 나란히 모시고 있다.

중국 오악 기행

불교 복암사福巖寺 대전에는 도교 신격인 남악대제가 함께 모셔져 있고, 북악 현공사懸空寺 삼교전三敎殿에는 부처와 공자, 노자를 나란히 모셔놓아, 전형적인 삼교합일 양상을 보여준다. 부처와 공자, 노자가 나란히 봉안돼 있는 현공사의 삼교전을 들여다보는 순간 '아, 이럴 수가…. 이게 중국문화의 진수인가'라는 생각까지 들었다. 뿌리가 같은 종교끼리도 무자비한 전쟁과 테러를 벌이는 세상에서 전혀 다른 뿌리를 가진 세 명의 성인을 나란히 봉안한 장면은 엄청난 문화적 충격으로 다가왔다. 뿐만 아니라 중악 소림사의 지장전地藏殿에는 도교의 십대염라왕 신위十大閻羅王 神位와 유가의 이십사효도二十四孝圖 벽화가 공존한다. 따라서 오악은 어느 하나의 지식이나 종교, 문화로 절대 제대로 파악할 수 없다는 사실을 깨닫게 해준다.

1. 도교적 관점에서의 산

오악에 도교의 신들이 지배하는 곳으로 숭배되기 시작한 시기는 대략 4~6세기 즈음으로 판단한다. 갈홍(283~343)은 『포박자抱朴子』에 '도교의 많은 서적 중에 『삼황문三皇文』과 『오악진형도五嶽眞形圖』보다 중요한 것은 없다'고 지적했다. 〈삼황문〉은 천지인 삼재三才를 지배하는 신격인 천황·지황·인황의 힘을 압축시킨 부적이다. 〈오악진형도〉는 오악의 진정한 모습을 그림으로 나타낸 것으로, 중앙과 사방의 신성한 공간을 지배하는 힘을 지닌 것이다. 갈홍은 "도사가 산에 들어갈 때 〈삼황문〉과 〈오악진형도〉를 지니면 어디에서든 산신을 불러낼 수 있다"는 말을 했다고 전한다. 다시 말해 산에 갈 때 도사가 지녀야 할 입산부적인 것이다.

중국 오악 기행

4세기경 쓴 것으로 전해지는 『오악진형도』의 서문에 다음과 같은 내용이 나온다.

중국 〈오악진형도〉

　'동악태산군은 신령 5,900명을 거느리고 삶과 죽음을 다스린다. 모든 귀신들의 수장이며 혈식 제사로 모신다. (중략) 죽은 이는 모두 태산으로 돌아가 죄를 문책 받는다. 〈오악진형도〉를 몸에 지니고 산림 및 태산을 지나게 되면 산과 강의 온갖 신들이 나와 당신을 맞이하며 절을 할 것이다. 태산군은 청포를 입고 창벽칠칭의 관을 쓰고 통양태평의 인장을 지녔다. 청룡을 타고 군관들을 거느리면서 당신을 맞이할 것이다.'

한나라 때부터 세력을 확장하기 시작한 도교는 8세기에 이르러 오악의 모든 사찰에 도교의 신들이 지배하게 된다. 당 현종 시절 유명한 도사 사마승정司馬承禎(647~735)의 상소로 채택된다.

　'지금 오악의 신사는 산림의 산들로서 진정한 도교의 신들이 아닙니다. 오악에는 모두 동부洞府가 있으며, 상청인들이 내려와 그 직무를 맡고 있으니, 산천의 비와 바람, 음양의 기의 질서는 모두 이들이 다스리는 것입니다. 또한 오악을 다스리는 진인들은 면류관과 장식이 달린

의복, 이들을 보좌하는 신선들이 각기 규격이 정해져 있습니다. 청컨대 따로 재계와 제사의 성소를 세우도록 해주십시오.' — 『당회요唐會要』 권50 잡기

이와 같이 도교는 당나라 때부터 그 세력을 급속히 확산시키기 시작하며, 중국인들의 심성에 깊이 파고들었다. 더욱이 도교는 전진도와 정일도 두 파로 나뉘는데, 전진도는 성명쌍수性命雙修를 특히 강조한다. 성은 사람의 마음·심성을 다스리는 것을 말하고, 명은 몸을 다스리는 것을 가리킨다. 그러니까 성명쌍수는 인간의 발전에서 마음을 중시해야 할 뿐만 아니라 신체도 중시해야 한다는 것이다. 마음을 중시한다는 부분은 불교의 영향을 받은 표현이다. 다르게 표현하면, 전진파는 불교의 영향하에서 창립된 도교종파이다.

노자가 〈도덕경〉을 설한 곳으로 알려진 루관대에 있는 도교를 소개한 비석

전진파 창시자 왕중양은 제자들을 가르치면서 세 가지 경을 읽어야 도를 잘 닦을 수 있다고 강조했다. 그 세 가지 경이 노자의 『도덕경』, 불교의 『심경』 즉 『반야바라밀다심경』을 말하고, 세 번째는 『효경』이다. 다시 말해 도교의 『도덕경』, 불교의 『심경』, 유교의 『효경』을 읽어야 제대로 수행할 수 있다는 것이다.

따라서 왕중양의 사상, 즉 도교 전진파의 교리 속에 이미 도교, 불교, 유교의 세 종교가 융합되어 있다는 사실을 잘 보여준다.

이러한 도교를 한 마디로 정의하기란 어려울 뿐만 아니라 도교의 관점에서 본 산에 대한 정의는 더욱 어렵다. 도교의 문헌을 통해 도교에서는 산을 어떻게 보고 있는지를 판단하는 게 적절하리라 본다.

도道의 원래 의미는 사람이 다니는 길이다. 이후 사람과 사물이 반드시 지켜야 할 법칙, 원리 규범의 의미가 담기게 됐다. 춘추전국시대부터 우주의 법칙에는 천도天道가 의식되고, 인간 규범의 탐구에는 인도人道가 의식됐다. 특히 도가철학자들은 천지만물 모든 존재의 근원으로 도를 내세웠다.

이러한 관점에서 도교에서는 산을 크게 두 가지 관점에서 파악했다고 볼 수 있다. 첫째, 수련의 공간으로서의 산이다. 수련의 공간은 도교의 신선사상과 밀접한 관련성을 가진다. 신선은 한 마디로 선仙과 직접 관련이 있다. 『한자어원사전』에 선은 산에 사는 사람을 말한다고 나온다. 『설문해자』에서는 '사람이 산 위에 있을 헌仚'자와 동일어로 보기도 했다. 죽음과 초월적 인간을 비유하기도 했다. 수련공간으로서 산은 입산에서 특수한 의식과 절차가 필요하다. 이는 일정한 수련의 단계에 도달하지 못하면 입산하지 못하는 결과를 가져온다. 산의 신성성과 직접 관련 된다. 수련이 없으면 신성성에도 접근하지 못한다고 강조한다. 그래서 만인 벽립이나 천인벽립과 같은 개념은 전부 도교의 수련과 직접 관련이 있으며, 도교의 도관이 절벽 낭떠러지에 건립된 이유도 이러한 혹독한 수련과정을 거쳐야 하기 때문이다. 또한 그 과정을 거쳐야 신선이 된다. 산에서의 수련은 산이 지닌 풍부한 자원들을 재료로 각종 약제를 제조하는 결과와 함께한다. 왜냐하면 수련은 필수적으로 고통과 상처를 동반하기 때문이다. 따라서 산이 지닌 풍부한 자원은 일상적 생활을 가능하게 해주는

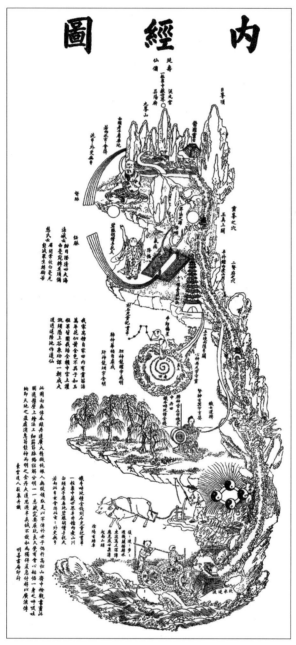

도가들의 양생과 수련을 가르치고 연마하는 내용을 담은 〈내경경〉은 우리
신체의 각 부위와 관련돼 있다. 그 구조를 담은 내경도

자원이기도 하다. 옛날 중국 무술영화에 항상 따라 나오는 약제와 한방은 이러한 이유가 내포돼 있기 때문이다.

둘째, 선경의 중심으로서의 산이다. 이는 삼신산三神山과 동천복지洞天福地와 직접 연결된다. 봉래, 영주, 방장산을 뜻하는 삼신산은 고대로부터 전설 속의 신성한 세 산이다. 진시황이 불로초를 구하기 위해 찾은 산이기도 하다. 한국에서도 그 전설을 그대로 받아들여 금강산을 봉래산, 지리산은 방장산, 한라산을 영주산이라고 한다. 동천복지는 다시 10동천과 36소동천, 72복지로 구성된다. 도교 백과사전인 『운급칠첨雲笈七籤』에서 인용하는 『천지궁부도天地宮府圖』에 다음과 같이 나온다.

중국 신화 속의 신들의 거주지인 곤륜산 비석

'열 곳의 대동천은 대지와 명산 사이에 처해 있으며, 이는 상천에서 여러 선인들을 파견해 통치하는 곳이다. 서른 여섯 곳의 소동천은 여러 명산 속에 있는데, 역시 상선上仙이 통치하는 곳이다. 일흔 두 곳의 복지는 대지와 명산 사이에 있는데, 상제가 진인에게 명하여 이를 통치하며, 그 사이에 도를 얻을 수 있는 곳이 많다.'

진인은 도교의 도사가 되기 위한 사람들이다. 따라서 동천복지는 현실세계에 실재하는 명산이지만 선인들이 통치하는 곳으로 일반적인 산천과는 다른 곳이다. 실제 중국 명산에 가면 동천복지를 어렵지 않게 볼 수 있으며, 한국에서도 동천이라고 새긴 마애석각을 드물게 찾을 수 있다. 모두 도교의 명당 혹은 명산들이다.

『천지궁부도』에 10대 대동천, 36소동천, 72복지에 대한 자세한 소개와 함께 도의 개념에 대해서도 설명하고 있다.

'도는 본래 텅 빈 허무인데, 형상 없는 황홀함 속에서 모든 존재가 생겨난다. 근원의 기가 솟아나기 시작하여 운기를 타고 변화하여 유형의 것으로 분화한다. 정기 어린 천제의 상이 현묘하게 드러나 천계의 궁궐들이 맑은 빛이 가득한 천계에 들어서고, 어두운 형질은 가라앉고 굳어 명산에 동부洞府를 열었다.'

이는 기존의 중국의 우주론에서 맑은 기가 떠올라 하늘이 되고, 탁한 기가 가라앉아 대지가 되었다는 설을 도교식으로 변모시킨 것이다. 천계는 맑은 빛과 기로 이루어져 있으며, 기로 이루어진 궁궐들이 들어서 있다고 한다. 동부에도 수많은 신선들이 각자 부여받은 직위에 따라 거주하며 선계의 일을 처리한다고 한다.

10 대동천은 실제 지명에서 거의 찾을 수 없는 상상의 공간들인 반면, 오악을 중심으로 한 중국의 명산들은 36 소동천 속에 대부분 포함되어 있다. 이러한 명산들은 도교의 수행론에서 매우 중요하다. 도교의 이상적 인간인 진인이 되기 위해 가르침을 찾아 명산의 동천들을 주유해야 하기 때문이다.

따라서 도교적 관점에서의 산은 수련과 선경의 공간으로서 산으로 나뉘지만 실상은 같은 개념으로 사용하는 공간으로 볼 수 있다.

도교에 대한 관심이 점차 확산되자 중국 당국은 1980년대 지방정부로 하여금 도교의 명산을 알리는 데 주력할 것을 주문한다. 이에 지방정부는 도교명산을 지닌 지방정부는 자연지리에 대한 연구와 천문과학, 고대 철학사상, 민속문화 등에 대한 정보를 공유하고 교류할 목적으로 중국도교명산연맹을 결성하기에 이른다. 2020년 현재 중국도교명산연맹에 소속한 산은 중국 전 지역에 걸쳐 11개뿐이다. 요녕성 천산千山, 산서성 항산恒山, 강서성 삼청산三淸山, 강서성 용호산龍虎山, 안휘성 제운산齊云山, 호북성 무당산武当山, 감숙성 공동산崆峒山, 절강성 (쌍용)금화산金華山, 광동성 나부산羅浮山, 중경성 사면산四面山, 강서성 영산靈山이다.

2. 불교적 관점에서의 산

혹자는 불교를 종교가 아니라 철학이라고 말한다. 그만큼 사상적으로 깊다는 의미다. 팔만대장경에 불교의 경전이 다 담겨있다고 하지만 그 의미와 깊이는 알 수가 없다. 다만 그 연원이 되는 이론은 연기론이다. '이것이 있음으로써 저것이 있고, 이것이 생함으로써 저것이 생한다. 이것이 없음으로써 저것이 없고, 이것이 멸함으로써 저것이 멸한다'는 가르침이 연기론의 전형이다.

연기론에 바탕을 두고 사법인四法印의 기본적 교의가 있다. 첫째, 제행무상諸行無常이다. 이 세상에 존재하는 모든 것은 어느 것이나 영원불변한 것이 없다는 뜻이다. 둘째, 제법무아諸法無我. 세상의 모든 사물과 현상에는 본체론에서 말하는 나我가 없다는 뜻이다. 셋째, 일체개고一切皆苦. 일체는 무상하고 무상한 것은 곧 괴로움이라는 의미다. 넷째, 열반적정涅槃寂靜. 열반은 불교가 수행을 통해 도달하고자 하는 최고의 이상으로 마음이

| 동대문수보살 | 서대문수보살 | 남대문수보살 |

고요하고 적정한 상태를 말한다. 번뇌를 끊고 깨친 열반의 세계는 마음이 고요하고 편안한 경지라는 뜻이다.

이러한 기본 인식을 가지고 불교의 관점에서는 산을 어떻게 바라보는가를 살펴보자. 우선, 제불諸佛의 현현顯現인 성지로서의 명산이다. 다시 말해 불보살이 재현했다고 전하는 명산들이다. 중국 불교의 사대 명산이 대표적으로 꼽힌다. 오대산, 아미산峨眉山, 보타산普陀山, 구화산九華山이다. 이들은 각각 문수보살, 보현보살, 관음보살, 지장보살의 도량이다. 다섯 개의 평탄한 봉우리에 의해 명명된 오대산은 중국 불교 최고의 성지로 평가받는다. 아미산은 네 개의 산을 거느리고 있으며, 천하에서 가장 아름답다는 명성을 지닌 산이다. 보타산은 주산군도의 하나인 작은 섬에 있다. '남해의 승경' '봉래의 승경'이란 별명을 지니고 있다. 구화산은 중국 최고의 명산이라 평가받는 황산과 같은 산맥에 연결된다. 신라의 왕족 김교각이 수련한 산으로 알려져 있다.

북대문수보살   중대문수보살

둘째, 불교적 조형미의 대상으로서의 산이다. 이는 석굴사원과 마애석불로 나눌 수 있다. 불교는 원래 모든 물체의 근원을 공空으로 보지만 전도하는 과정에서 여러 예술적 장치를 동원한다. 특히 간다라 미술의 영향으로 부처의 조상造像을 다양하게 시도했으며, 이는 도교 미술에도 영향을 주었다. 대표적인 석굴로는 북방유역의 운강雲崗석굴이다. 용문석굴, 막고굴(돈황석굴)과 함께 중국 3대 석굴 중의 하나다. 반면 마애불은 남방지역을 중심으로 분포되는 양상을 보인다. 불교는 진리는 형상이 없지만 세속의 신자에게 전도하기 위해서 또는 보시를 받는 대상으로 각종 조형물이 필요했으며, 이와 관련해 명산은 매우 중요한 역할을 하게 된다.

셋째, 진리와 세속의 세계가 하나라는 관점에서 산하대지山河大地가 곧 부처라는 주장이다. 중국 선불교는 진리와 세속의 일치를 말하고 일상생활에서의 중요성을 강조한다. 흔히 불교의 가르침을 상징하는 화두로서 '산은 산이고, 물은 물이다'의 명제는 바로 산수의 세계, 즉 자연의 세계가 바로 진리의 세계임을 강조하는 동아시아적 사유의 한 표현이라고 할 수 있다.

3. 유교적 관점에서의 산

유교가 종교인가에 대한 논의가 과거 한 때 있었지만 불교가 철학적 요소가 강하다면 유교는 철학에다 윤리적 요소까지 더해져 있다고 할 수 있다. 유교의 종교성을 이해하는 데 매우 중요한 개념은 바로 천天이다. 천은 은나라와 주나라의 교체기인 은주혁명殷周革命에서 본격 등장한다. 이로 인해 은나라에서 숭배대상이었던 상제上帝를 대신하게 된다. 이 상제는 이후 동서남북중 오방을 지배하는 오제五帝, 즉 오천제五天帝의 관념으로 발전하여 도교나 불교 또는 민간신앙에 큰 영향을 주게 되며 제천諸天의 관념이 생겨나는 근거가 된다.

천은 인간세계인 천하에 군림하는 주재신이면서도 천지만물에 대한 조화신이기도 했다. 천은 천지인 삼재三才의 하나로서의 측면도 지니면서 동시에 이들 모든 것을 포괄하는 보편자로서의 측면도 지닌다. 후자의 경우, 만물 생성의 근본 원리인 도道 혹은 자연과 동일한 의미를 지닌다. 아울러 인간의 운명이나 만물의 운행도 모든 천의 작용이 되면, 그들 현상도 '천'이라 부르게 된다.

유교의 천에서 특히 주목해야 할 점은 천인합일天人合一이다. 천인합일은 하늘과 인간의 일치를 말하는 것으로 '내재적 초월'의 근거이다. 아울러 자연과 인간의 조화를 강조하는 생태론적 의미까지 지닌다. 다시 말해 천인합일은 '인간과 자연계가 구별돼 있으면서도 통일된 관계를 지녔고, 인간은 자연계에서 태어났으며, 자연계의 일부로서 인간이 자연을 인식하고 아울러 변경하며 조절할 수 있지만 이를 파괴해서는 안 된다'는 논지이다.

이러한 관점을 배경으로 하면서 유교에서 보는 산은 크게 세 가지로 나눌 수 있다. 첫째, 제사의 공간으로서의 산이다. 여기에는 오악과 봉선이 뒤따른다. 유교에서 정치와 제사는 밀접한 관련을 가지며, 국가적으로 주요한 행사는 항상 일정을 같이 한다. 오악은 신성한 산악 제사의 주요 대상이었다. 산악제사는 다시 취제就祭와 망제望祭, 둘로 나뉜다. 취제는 순수하거나 회맹했을 때 제왕이 명산에 직접 가서 제사를 지내는 것이다. 망제는 글자 그대로 멀리서 바라보며 제사를 지내는 것이다. 망제의 대상은 명산만이 아니고, 일월성신과 산천이 모두 해당한다. 특히 오악, 사진四鎭, 사독四瀆은 사망四望이라고 해서 국가에 변고가 있을 때 상제와 함께 제사의 대상이 된다.

산에 대한 제사와 관련해 유교 경전 중 오경의 하나인 『예기禮記』에서 다음과 같이 설명하고 있다. '천자는 천하의 명산대천에 제사 지낸다. 오악의 제사는 삼공三公의 경우에 준하고, 사독의 제사는 제후의 경우에 비한다. 제후는 명산대천으로서 자기의 영지 안에 있는 것을 제사지낸다. 산천의 신에 대하여 제사를 지내지 않는 자는 이를 불경으로 다스린다.' 명산에 대한 제사를 국가 질서의 안녕을 유지하는 매우 중요한 수단으로 여긴 사실을 잘 알 수 있다. 나아가 오악에서의 봉선은 황제의 신성성과 정통성을 천하에 선포하는 동시에 천지신명에게 알리는 가장 큰 국가행사 중의 하나였던 것이다.

유교에서 보는 명산의 관점 두 번째는 은둔의 공간으로서의 산이다. 이는 정치적 질서의 환경에 따른 대응문제와 맥을 같이 한다. 명나라 장삼봉은 "유교는 도를 행하여 시대를 구제하며, 불교는 도를 깨달아 자신을 각성하며, 도교는 도를 지니며 사람을 구제한다"고 말한 바 있다. 유교는 국가를, 도교는 몸을, 불교는 마음을 다스리는 것이 주요 역할인 셈이다. 『논어』에서는 '천하에 도가 있으면 나타나고, 도가 없으면 숨는다. 나라에 도가 있으면 가난하면서 천한 것이 수치이다. 나라에 도가 없으면 부유하면서 귀한 것이 수치이다'고 논한다. 이는 준비된 자는 언제든 나가서 국가를 구하고, 시대가 부르지 않고 도가 없으면 은둔해 지내는 것이다.

그렇다면 천하에 도가 없을 때 어디에 숨을 것인가? 이에 대한 답은 『주역』 둔괘에 있다.

'하늘 아래에 산이 있는 것은 둔遯이니, 군자가 보고서 소인을 멀리하되 나쁜 말로 대하지 않고 위엄이 있게 한다.' 이에 대한 정전程傳의 해설은 '하늘 아래 산이 있으니 산은 아래에서 일어나 멈추고, 하늘은 위로 나아가 서로 어긋나니, 이는 둔피遯避의 상이다. 군자가 이 상을 관찰하여 소인을 피하고 멀리한다'는 것이다. 다시 말해, 시대와의 부조화로 은둔하고자 할 때 산이야말로 가장 적합한 공간인 것이다. 은둔의 공간으로서 산은 자연숭배의 대상이라는 점도 중요하지만 몇 가지 이유가 작용한다. • 세속의 공간이 지니는 번잡함이 없고 • 산이 지닌 자연의 아름다움이 감상과 찬미의 대상이 되고 • 산은 풍요로운 생산성을 지닌 공간이기 때문이라는 점이다. 산은 다양한 산물을 지녔기에 생계를 유지하고 나아가 장생할 수 있는 다양한 자원을 제공하는 곳이다. 또한 전통의학의 약물학이 본초라고 불린 점을 생각하면 더욱 쉽게 다가온다.

전통사회에서 은둔은 사회문화적 행위로서 복합적인 의미를 지닌다. 은사隱士는 고사高士, 일사逸士, 처사處士, 일민逸民, 유인幽人 등 다양한 명칭으로 불렸다. 은둔, 은일의 유형은 • 난세에 몸을 온전히 보호하려는 형 • 자신의 지조를 깨끗하게 유지하려는 형 • 숨어서 때를 기다리는 형 • 공을 이룬 뒤 물러나는 다시 말해 정계나 관계에서 은퇴하는 형 • 저술하고 도를 전하기 위한 형 등이 있다. 마지막 유형은 일종의 서원이다.

유교에서 보는 명산의 세 번째 관점은 교육의 공간이다. 이는 송대 이후 신유학에서 강학과 인재 양성의 무대가 됐던 서원과 연결된다. 두 번째 은둔의 공간과도 일부 맥을 같이 한다. 송대 이후엔 불교와 도교의 수용과 극복이라는 과정을 통해 등장한 송명 이학理學은 교육과 전파에서 서원을 적극적으로 활용한다. 그 서원은 주로 산림에 건립한다. 서원의 건립으로 산은 교육공간으로 변한다. 서원을 산에 건립한 이유는 • 서원이 진행하는 교육사업의 숭고한 성격을 잘 표현할 수 있고, • 산림에서 은거하는 생활을 추구하기 때문이고, • 불교의 선림정사禪林精舍와 도가 사상의 영향을 받은 점, • 산수미의 발견과 천인합일의 자각이 작용한 점 등을 꼽을 수 있다.

제2부

—

중국 오악 기행

—

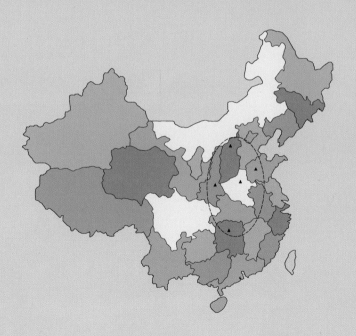

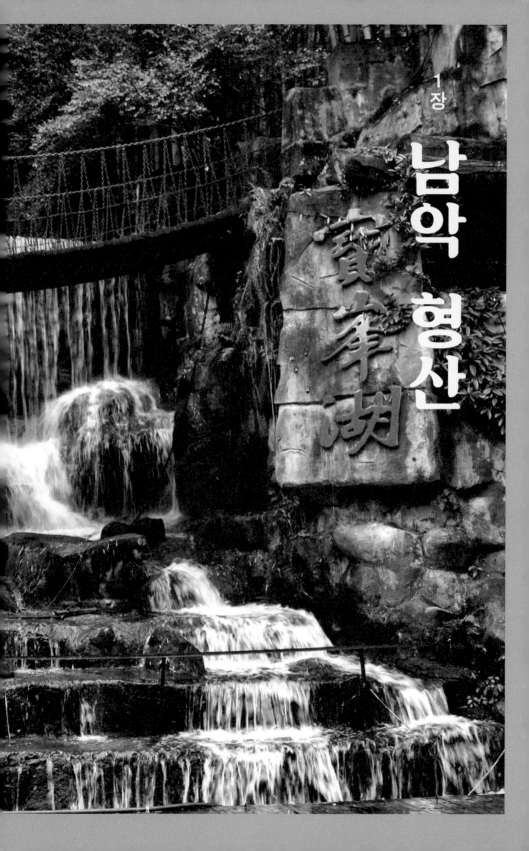

1
장

남악 형산

1장

•

남악 형산

南악 형산 전도

●

남악의 배경과 구성요소

'불의 신' 염제 후예 축융⋯ 저울처럼 균형 잡으라고 형산

'항산은 걸어가는 것 같고, 태산은 앉은 거 같고, 화산은 선 것 같
고, 숭산은 누운 것 같다. 오직 남악은 홀로 비상하는 것 같다恒山如行,
岱山如坐, 華山如立, 崇山如臥, 惟有南岳獨如飛.'

청나라 말기 금문학파의 대표자로 존중받았던 위원魏源이 남악 형산
의 아름다움을 평가한 문구다. 실제로 남악 형산은 오악 중에 가장 아름
다운 산으로 알려져 있다. 형산 주변에는 '남악독수南岳獨秀'란 석각을 어
렵지 않게 볼 수 있다.

형산 정상은 해발 1,298m로 축융봉祝融峰이다. 높지 않고 정상까지
길도 포장돼 있어 봄 가을에는 치마 입은 채로 정상에 있는 사람들을
꽤나 볼 수 있다. 다시 말해 방문자들이 매우 많다는 의미다. 축융(쑤인씨라
고도 한다)은 중국 신화에 나오는 '불의 신'으로서, 복희·신농과 함께 중국
의 삼황오제 중의 삼황에 속한다.

남악 형산 정상 비석 축융봉 봉우리 뒤에 축융전이 있다.

　　축융봉의 유래가 바로 여기에서 비롯된다. 축융씨는 중악 숭산의 신인 옛날 헌원軒轅(皇帝가 아니고 黃帝)의 대신이었다고 전하며, 염제炎帝의 후예라고도 한다. 그래서 정상 축융봉을 적제봉赤帝峰이라고도 한다. 축융씨가 불과 매우 가깝게 지내고 불의 관리를 잘하고 능수능란하게 이용한다는 말을 듣고 황제가 그를 불러 불을 관리하는 화정관火正官에 임명했다고 한다. 또한 그는 남방의 상황을 잘 알기 때문에 남방의 모든 일을 주관하고 관리했다. 그 후 그는 형산에 머물렀고, 사후에도 형산에 묻혔다. 훗날 사람들은 그를 기리기 위해 형산의 가장 높은 봉우리를 축융봉이라 했다고 전한다. 설화에 전하는 얘기도 비슷하다. 황제黃帝가 "이 산 이름을 왜 형산이라고 했나?"라고 물었더니, 축융이 바로 "이 산은 운몽雲夢과

남악 형산은 연간 강우량이 2,000mm에 달해 안개가 끼는 날이 매우 잦다.
자욱한 안개가 형산을 뒤덮어 더욱 운치를 더한다.

구의九嶷 사이에 가로로 누워 있어 마치 저울처럼 천지의 경중을 측량하고
제왕 도덕의 고하를 헤아릴 수 있다고 하여 이름을 형산이라고 합니다"라
고 답했다고 전한다.

　'불의 신' 축융은 남악 형산이 '화체의 산'이고, 계절은 여름을 상징하
는 것과 맥을 같이 한다. 또한 불은 빨강색을 가리킨다. 따라서 남악
형산의 오방색은 빨강색이다. 화체의 산은 인근 천문산이나 장가계에
가보면 실감한다. 우뚝 솟은 봉우리들이 도저히 인간이 범접할 수 없는

느낌이다. 마치 하늘을 향해 뾰쪽하게 솟아 있는 듯하다. 그 넘치는 기운이 붉은 색으로 나타나고, 산의 혈법은 하늘을 찌를 듯 뾰쪽하게 표현된다.

그런데 그 솟구치는 기운을 담은 크고 작은 봉우리들이 무려 72개나 된다. 중국 최초의 인문지리학자로 평가 받는 명나라 왕사성(1547~1598)은 그의 『오악유초五岳游草』에서 형산에 대해 다음과 같이 설명하고 있다.

'형산의 둘레는 800리이고, 크고 작은 봉우리가 72개가 된다. 이 산의 머리는 형양衡陽의 회안봉에서 시작하고, 꼬리는 장사長沙의 악록산이며, 나머지 땅을 가득 메운 것은 언덕堆阜이다. (중략) 그래서 호남의 지방구역에 있는 산은 모두 '형衡'이라 부른다. 72개 봉우리가 모두 연결된 것은 아니고, 800리 안에 높은 산과 거대한 벼랑이 있는 것도 아니다. 축융봉에 오르면 종횡으로 밀고 당기고 있는 것이 한 눈에 다 보인다.'

형산을 일명 수악산壽嶽山이라고도 한다. 실제 형산 입구에서부터 빨강색의 '수壽'자를 자주 볼 수 있다. 처음엔 불의 신이 무슨 목숨이나 수명과 관련 있을까 생각했는데 전혀 아니었다. 불의 신과의 관계가 아니라 축융이란 글자 자체의 의미와 관련 있었다. 이에 대한 자세한 설명은 '남악 형산 기행' 편에 소개한다.

형산의 72개 봉우리 중 주요 5개 봉우리는 특히 유명하다. 그 5개 봉우리는 축융, 천주, 부용, 자개, 석름봉이다. 형산 최남단 회안봉回雁峰은 옛 사람들이 남쪽으로 간 기러기가 회안봉에 온 후 다시는 장소를 옮기지 않았다는 데서 유래했다. 왼쪽 날개에 하나의 높은 봉우리가 부용봉芙蓉峰인데 비단을 사이에 둔 듯 연무에 덮여 있는 듯하다고 왕사성은 묘사하고 있다. 동남쪽 자개봉은 신록이 비에 젖으려고 하고, 오른쪽 날개에 하나의 봉우리인 연하봉은 구름이 없는 곳에 우뚝 솟아 있다고 설명한다. 네 봉우리가 앞산을 차지하고 있고, 이것이 반산의 네 모퉁이 사우四隅이다. 반산의 앞 일봉은 반산사의 무릎으로 다가오는데 이것이 향로봉이라고 왕사성의 〈오악유초〉에 나온다.

02

•

남악 형산 기행
무병장수 기원 '축융봉' 형산 중앙에 우뚝

2015년 1월 31일 중국 오악을 취재하기 위해 가장 위도(27도)가 낮은 남악 형산(1,300.2m)으로 향했다. 오악을 한 바퀴 돌기로 계획하고 시도한 첫 일정이었다. 낮은 위도라 남한의 위도 37도 내외를 생각해서 그리 춥지 않을 걸로 예상했다. 하지만 여러 모로 예상은 빗나갔다.

형산 입구에 도착한 순간 깜짝 놀라지 않을 수 없었다. 그 추운 겨울에 그렇게 많은 사람이 정상 축융봉祝融峰에 오르기 위해 장사진을 치고 있었다. 그 모습은 가히 상상을 초월했다. 한국에서 새해 일출을 보기 위해 산에 오르는 인파보다 훨씬 많았다. 모두의 손에는 어김없이 향을 들고 있었다. 주말도 아닌데 어떻게 이럴 수가….

짙은 운무에 한 번 더 놀랐다. 별로 높지도 않은 산인데 짙게 내려앉은 운무는 한치 앞을 못 보게 했다. 가시거리는 10m도 채 안 되는 듯했다. 축융봉 정상이 아니라 바로 옆에 있는 사람조차 제대로 볼 수 없었다. 정말 눈에 뵈는 게 없었다. 또 날씨는 왜 그리도 추운지…. 위도 27도라는 사실이 믿기질 않았다. 1시간여 기다려도 도대체 입구가 보이질 않았다.

도저히 올라갈 수 없다고 판단, 아쉬움을 뒤로 한 채 축융봉 등산을 포기하고 기다리던 형산 입구 케이블카 승강장을 뒤로 하고 돌아왔다.

2015년 중국 오악을 한 바퀴 완전히 돌고 난 뒤 뭔가가 조금 부족하고 더욱 호기심이 솟아나 2016년 한 번 더 오악 기행을 하기로 했다. 그해 4월 18일 다시 남악 형산부터 답사에 나섰다. 형산 입구에 도착했다. 짙은 안개로 주변을 볼 수 없었던 2015년을 떠올리며 기억을 더듬었다. 길게 기다리던 줄이 생각나며 입구까지 거리가 한참이나 더 있었다는 사실을 한 해가 지나서야 비로소 알 수 있었다. 포기하고 잘 내려갔다는 생각이 들었다. 끝까지 기다렸다면 아마 저녁 쯤 돼서야 순서가 됐을 것이고, 자연스레 올라가지도 못했을 성싶었다.

그런데 지난해만큼은 아니었지만 올해도 축융봉에 올라가려는 사람은 많았다. '왜 그럴까' 궁금했다. 가이드는 "새해부터 춘(春)절까지 장수무병을 기원하는 기도객들로 형산 정상 축융봉에는 엄청난 사람들이

남악 형산 곳곳에 목숨 '壽'자를 새기거나 걸어놓고 있다.

　　　　　　　　　　　　제2부 중국 오악 기행

몰린다"고 말했다. 지난해 춘절(우리의 설날)은 2월 19일. 새해부터 시작된 장수무병 기도객이 계속되고 있었다는 사실을 1년이 지나서야 알 수 있었다. 그 엄청난 인파가 바로 그 기도객들이었던 것이다. 그러고 보니 형산 입구 곳곳에 목숨 '수壽'자가 새겨진 비석과 현판이 세워져 있다.

남악묘 주변엔 전부 향을 파는 상점들이다. 전체 가게의 80%이상은 되는 듯했다. 그만큼 향 수요가 많다는 반증이다. 형산에 올라가는 사람이 연 평균 얼마나 되는지 궁금하다. 중국인들만 연 300만 명 이상 된다고 한다. 외국 방문객까지 포함하면 500만 명은 훌쩍 넘길 것으로 추정된다. 현지 가이드의 주장이다.

장수무병 기도객들로 넘쳐

축융봉에서 장수무강을 기원하기 위해 향을 샀다. 아니 제각각 기도하는 내용은 달랐을 것이다. 여하튼 누군가를 위해서 무엇인가에 기도하는 심정은 항상 경건하다. 축융봉을 향해 출발이다. 입구에 목숨 '수壽'자를 붉은 색으로 새긴 비석이 있다. 유심히 살펴보니 한 군데가 아니고 여러 곳에서 보인다. 축융봉과 장수, 도대체 무슨 관계가 있는 걸까?

몇 가지 근거가 있다. 우선 축융봉이란 글자 자체에 의미가 있다. '축祝'자는 알려진 의미로는 '기리다' '축하하다'는 뜻이지만 중국에서는 '오래되다' '지속되다'는 의미를 지닌다. '융融'은 우리에게는 융합의 의미이지만 중국에서는 '광명'이란 뜻이 강하다. 따라서 '축융'이란 의미는 '오래 지속되는 광명' 또는 '광명이 지속되다'는 의미를 가진다. 이는 결국 목숨을 오래 동안 유지하다는 의미와 일맥상통하는 것이다. 불교의 무량수전과도 뜻이 통한다. 무량수전無量壽殿은 아미타불과 그 불국토의 백성들 수명이 한량없을 때까지 기도하는 전각을 말한다. 남악 형산을 옛날에는 '수악산壽岳山'이라고 부르는 이유와 바로 맥을 같이 한다.

또 고대의 천문역법을 기술한 중국의 『성경星經』에 남악 형산은 28진성軫星을 나타낸다고 돼 있다. 이 28진성이 바로 인간의 목숨을 관장하는 별이다. 이는 칠성신앙의 다섯 번째 별인 염정성과 관련 있다. 이 염정성이 인간의 수명을 주관한다. 이렇게 봉우리 이름과 관련해서도 많은 내용들이 담겨 있다. 염정성은 또한 오행에서 '화체火體의 산'을 가리킨다. 화체는 산 정상의 암석이 톱날같이 날카롭게 생겼으며, 산은 갈라지고 절벽을 이룬 마치 불꽃같은 형상을 하는 적흑색을 이룬 산을 말한다. 금강산이나 대둔산, 도봉산·월출산과 같이 돌로 된 정상 봉우리가 톱날처럼 또는 불꽃처럼 날카롭고 높이 솟아 있는 형국이 이에 해당한다.

이와 같이 축융봉이란 이름 자체가 예사로 지어진 게 아니다. 그 안에는 무궁무진한 사상이 담겨져 있다. 이를 머리로 음미하면서 유심히

남악 형산 정상 축융전 옆에 화체의 산의 전형을
보여주는 암벽들이 날카롭게 세워져 있다.

보며 '아, 그게 그렇구나'하고 느낄 수 있다. 무심코 지나치면 그냥 넘어갈 수밖에 없다. 존재하는 모든 사물엔 의미가 있다는 사실을 되새기면서 동양사상을 포괄하는 오악을 통해서 사상의 깊이를 한층 더 느끼게 된다.

목숨 '수壽'자가 새겨진 바위에는 어김없이 붉은 색으로 덧씌워져 있다. 이는 오방색과도 관련 있다. 붉은 색은 오방에서 남쪽을 가리킨다. 그러니 남악이다. 또한 남악은 오색에서 붉은색을 나타내며, 오수로는 주작朱雀을 상징한다. 우리가 흔히 사용하는 방위를 나타내는 남 주작이 바로 이와 맥이 통하는 것이다. 이러한 개념을 머리에 넣고 주변을 살펴 보니 온통 붉은 색과 인간수명, 남악이란 방향과 산의 형세가 눈에 들어 왔다. 이를 느끼는 순간 속으로 감탄과 함께 '어떻게 이렇게 맞아떨어질 수 있을까'하는 그 사상적 깊이에 모골이 송연해진다.

이와 함께 축융봉 관련해서 현지에서 전해오는 이야기도 있다.

'황제가 축융을 불러 "이 산은 무슨 산인가?"라고 묻자, 축융은 "형산 입니다"라고 답했다. 황제가 또 "이 산은 어떻게 해서 생긴 것인가"라고 묻자, 축융은 "옛날에 천지가 한 덩어리 혼돈상태로 마치 달걀과 같았습 니다. 반고씨盤古氏가 천지를 개벽하고 난 후에야 백성들이 생겼습니다. 그는 일만 팔천년을 살았는데, 죽고 난 후에 중원 대지 위에 누워 머리는 동쪽을 향하여 태산이 되고 발가락은 서쪽에 있어 화산이 되고 복부는 튀어나와 숭산이 되고 오른 손은 북쪽을 향하여 항산이 되었으며 왼손은 남쪽을 향하여 지금 눈앞의 형산이 되었습니다"라고 했다. 말이 막 끝나 자마자 황제는 다시 이어서 "그렇다면 왜 이름을 형산이라고 했나?"라고 물었다. 축융이 바로 "이 산은 운몽雲夢과 구의九嶷 사이에 가로로 누워 있어 마치 저울처럼 천지의 경중을 측량하고 제와 도덕의 고하를 헤아릴 수 있다고 하여 이름을 형산이라고 합니다"라고 했다. 황제는 축융이 유창하게 대답하는 것을 보고 매우 기뻐하고 웃으며 "훌륭하도다! 네가

형산 주변 봉우리들은 형산 정상을
저울의 중심으로 떠받들 듯 평평한 형세를 보인다.

그토록 남방의 일들을 잘 알고 있으니 내 너에게 중임을 맡기로라"고 말했다. (중략) "내가 즉위한 이래 치우를 죽이고, 역법을 제정하고 문자를 발명하고 음률을 창조하고 의서를 엮었으며, 또 누조가 누에를 길러 실을 뽑고 옷 만드는 방법을 정하였도다. 지금 천하가 통일되어 내가 오악, 즉 동악 태산, 서악 화산, 남악 형산, 북악 항산을 정하려 한다. 오늘부터 화정火正 축융이 형산을 지킬 것이다"라고 말했다. 축융은 남악 형산 위에서 백여 세를 살고서야 죽었다. 백성들은 그를 남악 형산의 한 봉우리 위에 묻고 이 산봉우리를 적제봉赤帝峰이라 이름 지었다. 또 그가 살았던 가장 높은 봉우리를 축융봉이라 부르고 정상에 축융전을 지어 그의 공덕을 영원히 기념했다.'

일종의 전설이고 축융신에 관한 신화이다. 축융전의 원래 이름은 노성제전老聖帝殿으로, 명나라 때 제사를 지내기 위해 처음 만들어졌다고 한다. 조선시대 김만중의 소설 『구운몽』에 등장하는 육관대사와 성진이 수도하고 성진과 8선녀가 어울렸던 장소로 나오는 곳이다. 유불도 삼교의 혼합적인 사상적 배경과 잘 맞아떨어져 소설의 배경이 된 것으로 보인다.

남악은 화체의 산이자 붉은 색과 통해

일행 중 한 명이 "실제로 이 마을 주민들은 오래 사느냐?"고 가이드에게 물었다. 가이드는 "주변 주민들의 평균 수명이 80세가 넘는다"고 말한다. "100세 넘는 사람들도 많다"고 덧붙였다.

남악묘 입구 안내판엔 형산에 관한 소개글이 있다. 그대로 옮기면 다음과 같다.

남악 신을 모신 사당인 남악묘에 행사를 치러고 도교의 도사들과 불교의 스님들이
나란히 걸어 나오고 있다. 공존하는 두 종교의 묘한 모습이다.

'후난성湖南省 남쪽 중앙에 위치한 형산(난유산라고도 부른다)은 중국에
서 유명한 오악 중의 하나다. 오악독수五岳獨秀(The Ranking Mount of Big
Five), 문명오구文明奧區(Cultural Mecca), 중화수악中華壽岳(Mount Longevity),
종교성지宗敎聖地(Religious Sanctum) 등으로 유명한 산이다. 모두 72개의
봉우리가 있으며, 그 중 44개가 난유성에 있다. 난유산의 주요 봉우리
는 주롱봉(Zhurong Peak · 축융봉)으로 해발 1,300.2m다. 형산은 긴 역사
와 찬란한 문화, 엄청난 유적지와 황홀한 경관을 보유하고 있다. 불교
와 도교의 공동 성지(co-shrine)이며, 후시앙학파(Huxiang School of
Thought · 湖湘學派)의 발상지이기도 하다. 경관은 계절마다 화려하면서
경탄스럽고, 심오하면서도 우아하게 변한다. 우뚝 솟은 봉우리 사이로
흘러 다니는 구름은 환상적이다. 중국 국가5A경관지구와 국가 주요명

승지로 지정돼 있다.'

참고로 호상학파는 창시자가 호굉胡宏으로, 과거 유학의 경전을 통해 인간 심성의 원리를 깨닫고 이상적인 사회제도를 찾고자 했던 주희 이전의 유학의 큰 흐름이다. 특히 인간 본성의 성性을 가장 중요한 만물의 이치이자 천하의 근본으로 여기며 이理와 기氣의 근원으로 파악한다. 안내문에 있는 내용만 꼼꼼하게 파악하더라도 중국 사상을 어느 정도 알 수 있을 것 같다.

이제 형산으로 올라간다. 지난해 그냥 돌아갔던 케이블카 승강장까지 버스를 타고 간다. 차창 밖으로 형산의 풍경이 주마간산走馬看山식으로 얼핏얼핏 지나간다. 구불구불한 산길은 형산을 제대로 살필 기회를 주지 않는다. 날씨는 맑은데 가끔 안개가 끼었다 걷혔다 반복한다. 지난해에는 새해와 춘절 사이 왔기에 기도를 하기 위한 많은 인파로 성시를 이뤘다고

형산 올라가는 길은 정상까지 포장된 도로다.

하지만 올해는 평일인데도 그 당시만큼은 아니지만 여전히 많은 사람들로 붐빈다. 역시 명산은 명산인가보다. 뿐만 아니라 '사람들은 역시 장수에 관심이 많은가보다' 라는 생각이 든다.

가이드는 "남악 형산衡山(1,300.2m)은 도가에서 제3 소동천小洞天이라고 부른다"고 말한다. 동천은 도교에서 신선이 사는 곳이다. 그만큼 신비하고 자연이 살아 있는 곳이라는 의미다. 물론 유네스코 지정 세계자연유산구역이다. 중국 국가중점풍경명승구, 국가5A급 관광구, 국가자연보호구 등으로 지정된 곳이다. 자연만으로도 세계와 중국이 인정했다는 의미다. 주변엔 수많은 명승과 고찰, 도관이 있어 사계절 내내 방문객이 끊이지 않는다.

그런데 형산이란 이름의 유래가 궁금했다. 왜 저울 '형衡'자를 썼을까? 이것은 산의 형세와 관련이 있다. 저울 같이 뾰쪽한 산들의 중앙에 우뚝 솟은 산이 중심을 잡아 저울추 같이 형세를 이루고 있다고 해서 명명됐다고 한다. 정상 축융봉의 봉우리는 희미한 안개에 덮여 정확히 볼 수 없지만 인근의 봉긋봉긋 솟은 봉우리들이 정상 우뚝 솟은 봉우리로 몰린 형국이다. 주변의 봉우리들 중앙에 축융봉이 자리 잡고 있는 것이다. 마치 저울 같이 중앙은 솟아 있고 주변은 나지막한 봉우리들이 중앙을 향해 읊조리듯 속삭이는 형국과도 같아 보인다.

저울같이 중심에 자리 잡아 형산으로 명명

형산은 72개의 봉우리로 유명하다. 오악마다 72개 봉우리가 있다고 한다. 이건 실제 72개의 봉우리가 있다기보다 72라는 숫자가 주는 상징적인 의미가 더 클 것 같다. 축융봉은 72개의 봉우리 중에 최고봉. 축융봉을 포함한 자개봉紫盖峰, 운밀봉云密峰, 석름봉石廪峰, 천주봉天柱峰 등 5개의 봉우리는 특히 신령한 봉우리로 알려져 있다. 축융봉을 중심으로 4개의 영봉이 각 방향으로 둘러싸고 있는 형국이다. 동쪽에 있는 자개봉은 붉은 석양이 봉우리를 뒤덮는 형국과 같아 화개봉華盖峰이라고도 부른다. 서쪽이 천주봉, 남쪽은 운밀봉(연하봉 혹은 부용봉이라고도 지칭), 북쪽은 석름봉(벽하봉이라고도 지칭)이 축융봉을 중심으로 저울추를 이루고 있다.

산은 봉우리가 많을수록 골은 더욱 깊다. 도교의 수련은 골 깊은 절벽에 집을 짓거나 동굴에서 행해진다. 형산에서도 예외가 아니다. 도교에서는 36동천洞天과 72복지福地가 있다. 동천은 신선이 사는 이상향과 같은 곳이고, 복지는 일종의 명당과도 같은 개념이다. 남악엔 제3 동천인 주릉 태허朱陵 太虛가 있다. 복지는 4군데 있다. 제20복지인 동진허洞眞墟, 제21 복지 청옥단靑玉壇, 제22 복지 광천단光天壇, 제25 복지 동영원洞靈源 등이 있다.

도교의 기본 가르침은 은둔과 수련이다. 수련은 아슬아슬한 절벽 도관에 건립한 그 자체가 이도치신以道治身의 가르침이다. 은둔은 도교의 최고 가치 신선이 되기 위한 절대조건이다. 예로부터 도교의 은둔의 가치에 대해서 노래한 문학작품이 많다. 당대 시인 제기齊己(864~937)의 '회안봉回雁峰'은 형상 최남단 봉우리를 읊은 것이다. 회안봉은 남쪽으로 간 기러기가 회안봉에 온 후 다시 남쪽으로 가지 않았다고 여기는 곳이라 전한다.

높은 봉우리 넘어 남방의 찬비 뿌리고	瘴雨過屠顏
위태로운 암벽에 구불구불 좁은 산길 이어져	危邊有徑盤
장엄함은 수악 형산을 지탱할 만하고	壯堪扶壽嶽
신비로운 선단을 둘 만 하구나	靈合置仙壇
산그늘 북쪽에선 기러기 소리 요란한데	影北鴻聲亂

푸른 남사면엔 나그네 오르는 길 험난하다   清南客道難

나중에 이 땅에 은둔이라도 하고픈데   他年思隱遁

어디에 암자를 짓고 난간에서 산을 바라보는 것이 좋을까

何處凭欄干

　　신성한 산으로서의 오악은 여러 시대를 걸쳐 숱한 시인 묵객들의 동경의 대상이고 수도와 은둔의 장이 됐다. 지금도 형산은 불교와 도교가 공존한다고 한다. 특히 남악에서 가장 좋은 경치를 볼 수 있다는 남태사南台寺는 전형적인 중국 불교 사찰이다. 또한 산 깊은 곳에 위치한 방광사, 수려한 장경전, 기이한 폭포 동굴과 함께 '남악의 4대 절경'이라 부른다. 가장 큰 절인 복엄사는 형산에서 가장 오래된 사찰이며, 절 오른쪽에는 1400여년 된 은행나무가 자리를 지키고 있다.

　　그런데 형산은 동, 서, 중, 북의 다른 사악과는 조금 남쪽으로 더 동떨어져 있다. 이러한 위치적 조건도 형산을 은둔의 명산으로 자리매김 하는데 일조하는 거 아닌가 싶다. 두보의 시 「악록산도림이사행岳麓山道林二寺行」에서도 형산의 신령한 분위기를 읊고 있다. 여기서는 연화봉 도장 이 남방의 으뜸이라고 한다.

절문은 동정 들판을 향해 높이 열리고   寺門高開洞庭野

법당 기둥은 적사호에 박혀 있네   殿脚插入赤沙湖

오월의 찬 바람은 불사리를 시리게 하고   五月寒風冷佛骨

온 종일 하늘의 음악이 향로에 피어 오르네   六時天樂朝香爐

　　8세기 당 현종 시절 호남성 남악 형산에 살았던 남악 뇌찬懶瓚의 '산거 시山居詩'이다. 오악에 들렀던 시인들과 달리 형산에 거주하는 승려의 신

분으로 즐거움을 읊고 있다.

흘러가는 세상사, 저 산악만도 못하여라　　世事悠悠不如山丘

푸른 솔 해를 가리고 계곡 물 깊이 흐르네　　青松蔽日碧澗長流

산 위의 구름으로 천막을 삼고 밤의 달로 갈고리 삼아

　　　　　　　　　　　　　山雲當幕夜月爲鉤

머루덩굴 밑에 앉고 돌베개를 베고 잔다　　臥藤蘿下塊石枕頭

천자를 뵙고자 하지도 않고 왕후를 부러워하지도 않으며

　　　　　　　　　　　　　不朝天子豈羨王侯

생사 걱정 없으니 다시 무엇을 근심하랴　　生死無慮更復何憂

물 속의 달 형상 없듯이 나는 늘 이렇게 편안하고

　　　　　　　　　　　　　水月無形我常只寧

만 가지 법이 모두 그러하여 본래부터 생멸이 없다

　　　　　　　　　　　　　萬法皆爾本自無生

오뚝이 일 없이 앉았으니 봄이 오면 풀이 저절로 푸르다

　　　　　　　　　　　　　兀然無事坐春來草自青

　이와 같이 남악 형산은 깊은 산 속 자연을 즐기면서 은둔생활을 하는 모습을 그린 작품이 주류를 이룬다.

　이제 버스에서 내려 정상 축융봉을 향해 올라가보자. 형산의 풍광을 발아래 내려다보는 케이블카를 타고 올라간다. 밑으로는 걸어가는 사람들도 간혹 보인다. 중국에서 걸어 다니는 사람은 대개 도교를 믿거나 도교와 관련된 사람이라고 한다. 이들에게는 몸을 움직이는 것 자체가 수련의 의미이기 때문이다. 이미 언급했듯이 이도치신以道治身인 것이다.

　케이블카 하차지점엔 많은 사람들이 붐빈다. 간식을 파는 조그만

가게도 제법 있다. 한국에서 본 포장마차 같은 점포들이 호객행위를 한다. 사람을 태워서 나르는 짐꾼들도 있다. 앞 뒤 두 사람이 대나무 양쪽 끝을 어깨에 메고 중앙에 사람을 앉혀 실어 나르는 짐꾼이다. 일행 중에 한 명이 다리가 아파서 못 가겠다며 짐꾼에게 얼마냐고 묻는다. 마침 그 사람은 키에 비해서 체중이 제법 나가는 체형이다. 짐꾼이 그 사람 아래 위를 훑어보더니 "600위안"이라고 말한다. 가이드가 옆에서 "아니, 다른 사람은 300위안으로 알고 있는데 왜 비싸게 받느냐"고 항의한다. 그런데 그 짐꾼 대답이 재미있다. "원래는 300위안인데, 체중이 많이 나가서 600위안이다. 너무 무거워"라고 답을 한다. 전부 한바탕 웃는다. 짐꾼도 따라 웃는다.

정상 축융봉은 안개가 짙게 내려 있다. 봉우리가 보이질 않는다. 다행히 바람이 불어 안개를 몰고 간다. 어렴풋이 봉우리가 모습을 보여준다. 카메라 셔터를 연신 누르지만 뚜렷하지 않다. 정상을 향해 눈을 뗄 수가 없다. 실제 저울 같이 중앙의 정상 봉

❶ 형산 등산로 올라가는 길에 짐꾼들이 사람을 실어 나르는 모습을 흔히 볼 수 있다.
❷ 남악 정상 올라가는 길에 다양한 마애석각들이 눈길을 끈다.

우리가 우뚝 솟아 있는지 궁금하다. 언제든 안개만 걷히면 봉우리를 렌즈에 담을 기세로 걷는다.

도교의 제3 동천과 4개의 복지 있어

운무 사이로 어렴풋이 등산로가 보인다. 등산로라기보다는 임도보다 더한 포장된 도로다. 원체 많은 사람들이 오르내리다보니 정상까지 차가 다닐 수 있도록 아예 포장을 했다. 여기 사람들은 우리같이 등산화를 신고 산을 오르내리는 게 아니라 구두를 신거나, 치마를 입고 정상을 향해 가는 사람들이 많다. 산에 가는 목적 자체가 우리와는 조금 다른 느낌이다. 우리는 단순히 산이 좋아서, 또는 건강을 위해서 가는 사람이 주류를 이루지만, 중국에서는 특히 오악과 같은 명산에서는 만수무병과 자녀의 출세, 남편의 승진을 위해 기도하기 위해서 오르는 사람들이 대부분이다. 실제로 오악 정상에는 항상 향을 피우며 기도하는 사람들로 붐볐다. 그리고 상서로운 색깔인 자주색 리본이 걸려 있다.

그 사람들 틈에 끼여 같이 오른다. 남천문이 나온다. 오른쪽엔 운행雲行, 왼쪽엔 우시雨施란 글자가 눈에 들어온다. 『역경易經』에 나오는 말로, 구름을 움직여 비를 내리게 한다는 뜻이다. 의역하면 구름이 움직이니 비가 내린다는 의미다. 무슨 일이든 자연스럽게 행하는 것이 좋다는 내용이다. 물 흐르듯 자연스럽게 살아야 한다는 교훈이다. 마침 셰익스피어의 말도 더불어 떠오른다. 운명에 순종하는 사람은 운명을 이끌고 가고, 운명을 거역하는 사람은 운명에 이끌려 간다고. 운명에 대한 자세는 동서양이나 별반 다르지 않아 보인다.

남천문은 중앙 축융봉으로 올라가는 주요 통로이면서 남쪽 운밀봉과의 연결고리 역할을 한다. 남천문은 형산 출입구인 시내에서 9km나 되는

축융봉으로 올라가는 중간에 있는 남천문

축융봉 올라가는 중간쯤 나오는 사자바위에 새겨진 舞獅

거리에 있지만 여전히 길은 등산로가 아
닌 포장된 도로다.

사자암 바위가 포효하는 듯한 자세로
방문객을 맞는다. 길 옆에 석탑같이 겹쳐
있는 바위가 마치 앉아 있는 사자바위 같
이 생겼다고 해서 명명됐다. 춤추는 사자
란 뜻인 '무사舞獅'란 글자가 크게 새겨져
있다. 춤추는 사자 같지는 않은데….

마침 안개가 살짝 걷히더니 우뚝이 아
닌 봉긋 솟은 봉우리와 능선을 잠시 보여
준다. 화체의 산이라지만 능선은 여느 산
과 별로 다르지 않다. 길게 늘어선 능선들
이 좌우로 펼쳐져 있다. 단지 정상 봉우리
만 봉긋 있다. 전형적인 저울추의 중심 같
아 보인다. 주변 암벽들엔 다양한 글자가
새겨져 있다. '옹용대아雍容大雅'가 눈에 띈
다. 마음이 화락하고 조용하며 훌륭하고
고상한 상태를 말한다. 산 속에 들면 편안

축융봉 정상 거의 다 와서
상고시대에 나오는 우왕성 비석이 있다.

하고 고상한 상태에 빠진다는 의미로 받아들여진다. 그 옆에는 나무아미타
불南無阿彌陀佛이 아닌 '남악아미타불南岳阿彌陀佛'이라고 새겨져 있다. 절묘한
조어가 아닐 수 없다.

사찰이 없을 수 없다. 상봉사가 그 위에 자리 잡고 있다. 원래 도교의
동굴이 있던 자리에 절을 지었다고 안내문에서 소개한다. 수나라 황제가
이곳에 처음 왔다는 내용도 있다. 황제가 누군지 언급은 없다. 해발
1,200m 지점이다. 100m만 올라가면 정상 축융봉이다. 길이 완만하고

제2부 중국 오악 기행

포장된 도로라 별로 힘들지도 않다.

우왕성禹王城이라는 비석이 눈에 띤다. 우왕은 중국 상고시대 왕으로서, 지금 중국 역사로의 편입을 한창 시도 중이라고 한다. 고구려, 발해역사를 중국역사로 편입시키려는 작업이 동북공정이라면 중국 역사의 유서 깊은 부분이나 우월함을 찾아내는 작업을 '하상주단대공정'과 '중화문명 탐원공정'이란 이름으로 대대적으로 추진하고 있다. 지금도 계속되고 있다. 우왕성이란 비석도 그 일환이 아닌가 싶다. 참고로 위구르나 내몽골도 중국 역사로 편입시키려는 작업은 서북공정, 티베트 등을 편입시키는 작업은 서남공정이란 이름으로 진행되고 있다. 주변국에 대한 중국의 역사 편입이나 왜곡은 지금 주변국에서 보자면 심각하게 진행되고 있는 것이다.

우왕성을 지나 멀지 않은 거리에 붉은 글씨로 큰 바위에 새긴 축융봉 정상비석이 방문객을 맞는다. 역시 붉은 색이다. 사람들은 삼삼오오 모여 기념사진을 찍기 여념 없다. 우리 식으로 하자면 인증샷이다. 비석에서 약 50m 뒤가 실제 정상이다.

마침내 정상 축융봉에 도착했다. 봉우리 위에 축융전이 있다. 남악의 신을 모신 사당이다. 사당에는 어김없이 옥황상제가 모셔져 있다. 옥황상제는 도교의 최고신이기도 하지만 민간신앙의 최고 신이다. 우리 식으로 하자면 환웅에 해당된다.

그런데 남악 형산에도 우리 지리산에 있는 마고할미 같은 거인신화가 있다. 거인신화는 동서양 공통적으로 나타난다. 앞에서 이미 언급한 중국은 반고개천盤古開天 신화다.

또한 남악에는 남악부인을 모시는 사당이 있다. 남악부인은 도가의 경서로 알려진 『황정경黃庭經』의 저자와도 관련 있다. 『황정경』은 도가의 양생養生과 수련修練의 원리를 담고 있는 선도 수련의 주요 경전이다. 『황

정경』은 내경과 외경으로 나뉜다. 외경
은 상부경·중부경·하부경으로 구성돼
있으며, 내경은 모두 36장으로 돼 있다.
이 내경의 저자가 위부인魏夫人 또는 남악
부인으로 불리는 위화존魏華存(252~334)으
로 알려져 있다. 황정경은 인체 곳곳을
지키고 있는 존사存思와 존신存神사상을
특징으로 한다. 인체를 상·중·하 세
부분으로 구분하고 사람 몸의 모든 기관
에 있는 신神을 잘 섬겨 정精·기氣·신神
을 잘 닦아 황정에 응집시켜야 한다는 양
생의 원리를 담고 있다.

남악 정상에 남녀의 신이 나란히 모셔져 있다.

축융봉 꼭대기 위에 축융전에는 남악
부인이 있고, 하늘과 가장 가까운 자리에
옥황상제를 모시고 있다. 이 모습이 남악
이고, 남악의 신의 모습이다. 형산 정상
에는 중국 역사가 있고, 신화가 서린 곳이
라는 사실을 확인할 수 있었다. 역시 오
악은 예사롭지 않다.

남악대묘는 내려와서 남악 형산 입구
에 있다. 적제봉赤帝峰을 배경으로 서 있
으며, 이곳에서 역대 왕조가 정상을 향해
봉선제를 지냈다. 언젠가 봉선제를 재현
한다면 꼭 한 번 와서 보고 싶다.

옥황상제   축융봉 정상 봉우리 위에 축융전
제일 높은 자리에 옥황상제를 모시고 있다.

제2부 중국 오악 기행

형산 정보

　중국 중남부 후난성湖南省 형산시에 있다. 장사공항에서 버스로 약 5시간 걸리며, 인천공항에서 직항이 운행한다. 위도는 27도 정도에 위치하고, 아열대 계절풍 기후에 속해 겨울은 건조하고 차고 비와 눈이 많으며, 봄과 가을은 따뜻하지만 역시 비가 많이 내린다. 연간 강수량이 1600~2000mm 정도 되지만 4~9월에만 전체의 50% 이상인 900mm를 뿌린다. 계절은 좋지만 비와 안개 때문에 경관을 못 볼 수 있다. 2008년 중국 정부가 공식 집계한 결과 사람들이 가장 많이 찾는 '10대 명승지'로 꼽혔다.

●

형산 주변 명승지

1. 세계자연유산 천문산
세계 최장 케이블카에 세계 최고 천문동굴 살짝 보여

중국 천문산天門山(1,518.6m), 처음 들어본 산이었지만 엄청난 산이었다. 장가계 원주민 토가족의 성산이며, 옛 이름은 숭량산嵩梁山이라고 한다. 장가계에서 가장 먼저 역사서에 기록된 명산으로 알려져 있다. 당연히 중국 100대 명산 중의 하나로 선정됐다. 중국TV 광고에서 산 위 바위 동굴에서 구름이 뿜어져 나오며 경비행기가 그 사이로 날아다니는 바로 그 장면의 산이다. '장가계의 혼魂' 또는 '상서湘西 최고의 신산神山'으로 불린다. 삼국시대인 263년 절벽이 무너지면서 천문동天門洞이 생겼고, 오왕 손휴가 이를 길조로 여겨 '천문산'이라는 이름을 하사했다고 전한다.

2006년 중국을 방문한 외국인들을 대상으로 중국 최고 여행지를 조사한 결과, 만리장성, 진시황 병마용, 황산, 태산과 더불어 천문산이 꼽혔을 정도다. 하늘로 통하는 문은 그 자체만으로 신비감을 자아낼 뿐 아니라

천문산 정상에 있는 천문계단을 통해 수많은 사람들이 오르내린다.

보는 이로 하여금 경외감을 느끼게 하기에 충분하다.

천문산의 천문은 사람으로 치면 정수리와 코 윗부분을 천문혈이라 하는데 정확히 그 지점에 자리 잡고 있다. 정상 바로 아래 구름을 뿜어내는 코의 위치, 그 지점에 천문동굴이 있다. 정상엔 천문산사天門山寺와 불상 등이 있어, 하늘과 직접 내통하는 듯했다.

천문산은 여섯 가지 신비한 수수께끼와 네 가지 불가사의로도 유명하다. 여섯 가지 수수께끼는 첫째, 천장미영天藏迷影. 정상 절벽에 왜 귀곡 두상이 나타나는지 지금까지 누구도 알 수 없으며, 밝히지 못하고 있다. 둘째, 천문반수天門翻水. 천문동 절벽이 가뭄이 올 때 홍수가 터진다고 한다. 셋째, 천제사복天梯賜福 999계단 위 천문에서 복을 내리는 듯한 신비. 넷째, 천문서수天門瑞獸. 산꼭대기에 고대 서수와 비슷한 독불 짐승이 출몰했다고 한다. 다섯째, 야불장보野拂藏寶. 산 어느 곳엔가 야불장이 숨

겨놓은 보물이 있다고 전한다. 여섯째, 천문전향天門轉向. 천문동이 진짜로 북쪽으로부터 서쪽으로 조용히 이동하고 있다고 한다.

네 가지 불가사의한 것은 ● 천문동굴 ● 천하제일의 도로. 180도 꺾여 지면서 곡선으로 만든 도로는 해발 200여m 지점에서 1,300m까지 10.77km를 꼬불꼬불 구곡양장 같이 휘저으면서 정상까지 오른다. 케이블카에서 보면 '저게 뭔가!'하고 신기하게 내려다보이는 도로다. ● 천문산케이블카 ● 천문산 정상에 자연적으로 조성된 하늘공원이다. 1,400m의 카르스트 지형에 깎아지른 봉우리 위에 천상의 화원이 있을 줄을 상상이나 했겠나. 희귀종, 돌꽃, 우뚝 솟은 석순 등 각종 신비한 꽃들과 식물들이 전혀 사람의 손길이 닿지 않은 곳에 조성돼 있다.

과연 그럴까? 의문과 호기심을 가지고 출발한다.

천문산도 마찬가지로 우뚝 솟은 봉우리 일색이라 걸어 올라갈 수 없다. 케이블카를 탄다. 케이블카가 걸작이다. 천문산 케이블카는 이른바 통천대도通天大道로 통한다. 세계 최장 길이의 1차선 순환식이다. 전체 길이 7,455m, 상하높이차가 무려 1,279m나 된다. 해발도 200m에서 1,400m 근처로 수직상승한다. 시내 한복판에서 천문산 꼭대기까지 7.5km를 약 30분 걸려 정상에 도착한다. 도심 아파트 위로 케이블카가 날아 마치 구름을 뚫듯 올라가 천문을 향해 나아간다. 가히 장관이 아닐 수 없다. 중국 아니면 불가능한 일일 것 같다. 어떻게 도심에 그렇게 케이블카를 세울 수 있을까. 아슬아슬한 케이블카는 마치 하늘을 향해 달리는 마차 같다.

구름을 뚫고서 도착한 케이블카는 마치 신선세계에 도착한 착각을 일으키기에 충분했다. 더욱이 하얀 눈이 내려 온 산을 뒤덮고 있다. 가이드는 천문산 제1경이 설경이고, 2경이 운무고, 3경이 활짝 갠 날 산을 바라보는 풍광이라고 말한다. 1경과 2경을 동시에 만끽할 수 있었다.

천문산 케이블카를 타고 올라가는 길에 꼬불꼬불한 신비로운 도로를 내려다 볼 수 있다.

운무가 너무 끼여 앞을 분간할 수 없을 정도라 절경을 제대로 보지 못한 점은 아쉬웠다. 정말 설경을 자주 볼 수 없는 광경인지 중국 방문객도 인산인해를 이뤘다.

　케이블카에서 살짝 보여준 천문동굴은 더 이상 끝내 볼 수 없었다. 설경에 운무가 너무 끼여 한치 앞을 볼 수 없다. 하지만 바로 눈앞에 보이는 설경은 환상적이다. 길은 대부분 잔도였다. 깎아지른 절벽에 난간 같이 만든 길이지만 눈에 보이지 않으니 걸을 만했다. 그렇지 않았다면 아마 네 발로 걸었을 것이다. 이전 황산 갔을 때의 기억이 아련히 떠올랐다. 잔도 계단을 오를 때 너무 무서워 두 발과 두 팔을 모두 땅에 짚고 네발로 걸으면서 안쪽으로 바싹 붙어 위로만 보고 갔던 그 기억이다. 행인지, 불행인지 그 경험은 반복하지 않았다. 환상적인 설경을 본 건 분명 행이지만, 조망을 보지 못했건 분명 불행이었다. 잔도위로도 눈이 쌓여 미끄럽기 짝이 없었다.

허접한 아이젠과 짚신을 팔았
다. 아이젠을 사서 차니 조금 나았
다. 오고가는 사람들이 너무 많아 제
대로 걸을 수 없을 지경이었다. 그
와중에도 설경을 렌즈에 담느라 정
신없었다. 진도가 나가지 않을 정도
였다. 1430m에 있는 유리잔도는 통
제된 상태였다. 두꺼운 유리로 길을
만들어 아예 아래를 내다볼 수 있게
했다. 귀곡잔도도 있다. 귀곡자가
살았다는 귀곡동굴로 가는 잔도다.
하지만 귀곡동굴을 볼 수가 없다. 환
상적인 설경에 빠져 무섭고 위험한
줄 모르고 열심히 걷고 찍다보니 어

천문산의 신비로운 모습

느덧 한 바퀴를 훌쩍 돌아 원점회귀가 가까웠다.

풍수학자가 천음산 귀곡자에 대해서 느낌을 말한다.

"명산에서는 반드시 그 정기를 흡수한 인물이 존재합니다. 천음산
은 귀곡자입니다. 일종의 산의 주인이죠. 전국시대 제자백가가 난무하
는 가운데 합종연횡이 필요했고, 새로운 전략이 필요했습니다. 그 창시
자가 귀곡자입니다. 약자끼리 힘을 합치는 합종연횡은 현대에도 그대
로 적용되고 있습니다. 이러한 힘을 키우기 위해서는 인간은 절대 고독
이 때로는 필요합니다. 무의식 깊은 곳에 들어가 칭찬 비난에 흔들리지
않은 독존의식獨存意識이 힘의 밑바탕이 됩니다. 1,000m 가까이 되는
높이에서 앞에는 천길 낭떠러지의 동굴에서 수행하면 절대고독과 독존

제2부 중국 오악 기행

의식은 당연히 키워질 것으로 보입니다. 귀곡자 이름은 으스스하지만

절대고독의 상징이고 명산의 주인인 존재입니다."

천문산 전도

천문산 정상 바로 아래 천문동 바로 위에 천문산사에 다다랐다. 거의 1,500m 지점에 있는 절이다. 명대에 창건된 절이라고 한다. 한국의 절과 비슷한 듯 조금 다른 것 같다. 알아들을 수 없는 불경이 휘날리는 눈보라 속에서도 그윽이 울려 퍼진다.

돌아오는 길에 바위와 나무가 한데 뒤엉켜 자라는 연리석목이 눈에 띈다. 이럴 경우 나무가 이길까, 바위가 이길까? 답은 센 놈이 이긴다. 우스갯소리다. 나무가 뿌리를 내리면서 바위를 갈라 깨뜨리고 있다. 나무가 이기는 형국이다. 가이드는 "사랑이 너무 과하면 한쪽이 다친다"며 "사랑도 적당히 해라"고 말한다. 젊은 친구가 사랑이 뭔지 알기는 하나. 원점회귀로 돌아왔다. 12시54분. 오전 9시20분 케이블카를 탔으니 정확히 3시간34분 걸렸다. 장가계에 갈 기회가 있으면 꼭 천문산을 가보라. 절대 후회하지 않는다.

2. 세계자연유산 장가계

장가계長家界는 중국 최초 국가삼림공원으로 지정될 정도로 자연경관이 뛰어나다. 세계 최초의 세계지질공원이기도 하며 1992년에 유네스코 세계자연유산으로 등재됐다. 마치 조물주가 심어놓은 듯한 봉우리 봉우리들은 신선이 살고 있는 듯 지상의 무릉도원을 연상케 한다. 실제로 관광안내책자에는 무릉원武陵源이라고 표시돼 있다. 방문객도 오악보다 많다고 가이드가 귀띔했다. 2013년 중국관광국에서 발표한 방문객 중 한국인이 407만 명(2012년 기준)으로 제일 많았다고 한다.

장가계는 장가계국가삼림공원과 양가계자연보호구, 천자산자연보호구, 무릉원 등4개 구역으로 나뉜다. 원가계, 양가계, 천자산·천문산도

장가계의 신비로운 봉우리들

장가계의 신비로운 모습을 일제히 카메라에 담는다.

이곳에 포함되어 있다. 무한한 자연의 신비를 자아내는 영화 〈아바타〉의 감독 제임스 카메론이 이곳에서 힌트를 얻은 것으로 알려져 있다. 그래서 영화에 동양적 사상이 물씬 풍긴다.

장가계의 원래 이름은 대용大庸이었다. 진 시황이 중국을 통일하기 훨씬 전 조그만 남방국가로 있을 때의 이름이 용국庸國이었다. 대용은 용국의 주요 소재지였다. 현대 들어서까지 대용이란 지명을 쓰다가 등소평이 집권 후 행정개편을 하면서 장長씨들이 많이 산다고 해서 1994년 장가계로 바꿨다고 한다. 원가계는 원씨, 양가계는 양씨들이 많이 산다.

장가계로 들어서자 우뚝 솟은 봉우리들이 입을 다물지 못하게 한다. 사람이 도저히 다닐 수 없는 봉우리들이 즐비하다. 자연의 신비를 느끼게 한다. 카메론 감독이 이곳에서 충분히 영감을 얻을 수 있겠다는 느낌이다.

지리학자는 "장가계는 원래 바다였다. 지각변동에 의해 융기된 지역이다. 전형적인 카르스트 지형이며, 장가계의 또 다른 특징이다. 우뚝

제2부 중국 오악 기행

솟아오른 봉우리에서 바다화석이나 조개껍질과 같은 흔적을 어렵지 않게 찾을 수 있다"고 설명했다.

조금 올라가다가 돌계단이 나온다. 가이드는 168개라고 한다. 조금 가파르긴 하지만 태산이나 황산을 오르는 수천 개의 계단에 비하면 가소롭다. 계단 끝에 다다르자 입이 쩍 벌어질 산정호수가 나온다. 협곡을 막아서 만든 인공호수, 보봉호寶峰湖다. 정말 중국인들의 스케일은 상상을 불허한다. 안내도에 나와 있는 보봉호의 크기는 장가계 전체와 맞먹을 정도다. 길이는 2.5km, 면적은 274ha에 달한다고 소개돼 있다. 여의도 면적의 3분의 1정도 되는 크기의 호수가 산꼭대기에 인공으로 만들었다고 상상해보라. 깊이는 무려 72m. 보트를 타고 가본다. 아름다운 봉우리들이 물에 비쳐 마치 신선놀음 하는 것 같다. 봉우리를 하나 돌자 여자가 나와 꾀꼬리 같은 목소리로 노래를 부르며 방문객을 맞는다. 또 다른 봉우리를 하나 돌자 묵직한 테너톤의 남자가 나와 노래를 부른다. 가히 명불허전 장가계다. 초반부터 방문객의 기를 꺾어놓는다.

호수에는 선녀봉, 공작봉, 뚜꺼비봉과 같은 온갖 봉우리들이 둘러싸고 있다. 비치색의 호수를 한 바퀴 돌면서 봉우리와 호수의 조화에 신선이 된 듯 자연의 감흥에 겨워 감동을 안은 채 내려왔다. GPS로 고도를 확인하니 불과 395m밖에 되지 않았다. 수직벽 봉우리를 막아 호수로 만든 것이었다.

이어 무릉원武陵源으로 향한다. '무릉원은 중국의 유토피아'이다. 한국의 유토피아는 십승지다. 풍수학자는 이름으로 무릉을 풀이한다. "武(무)는 무예나 전쟁을 뜻합니다. 전쟁이 났을 때 陵(릉)으로써 막는다는 의미입니다. 릉이 막고 있으니 외부에서 아예 볼 수가 없죠. 평화롭게 보이는 겁니다. 옛날부터 전염병, 가뭄, 전쟁 삼재三災를 막는다고 했습니다. 그게 무릉이고 승지입니다."

외부에서 평화롭게 보이는 장가계는 예로부터 도적소굴이었다고 한다. 도저히 사람이 살 수 없을 것 같은 깎아지른 봉우리들이 에워싸고 있으니 외부인들이 감히 들어올 수가 없었다. 외부인들은 마음 놓고 가다가 장가계 부근에서 도적떼를 만나 전부 털리곤 했다고 한다.

그 장가계의 무릉원에 들어서자마자 골바람이 세차게 분다. 경치는 아름답지만 사람 살 곳은 아니다. 이런 골바람을 맞으면 골병 들겠다는 생각이 든다. 풍수에서도 골바람을 피하라고 한다. 가면 갈수록 골바람이 세차다. 하지만 봉우리는 사람이 도저히 올라갈 수 없고 쳐다만 봐야 하는 피뢰침 같은 봉우리들로만 이뤄져 있다. 그 봉우리 중에 정상 부근이 평평한 봉우리를 케이블카로 연결시켜 사람들이 올라올 수 있게 만들었다. 걸어서는 도저히 올라갈 수 없는 봉우리들이다. 수직벽과 같은 봉우리들이 수백 개는 족히 돼 보였다. 그런 봉우리들을 옆에서 내려다

장가계에 보봉호라는 호수를 만들어 물을 내린다.

보니 한편으로 아찔하면서도 다른 한편으로 도저히 신이 아니면 빚을 수 없는 환상적인 자연이다. 정상 봉우리에서 걸어다니는 코스도 험한 벼랑에 선반처럼 달아서 낸 길인 잔도棧道가 대부분이다. 길 아래로는 천 길 낭떠러지다. 쳐다만 봐도 오금이 저리고 아찔하다. 이런 곳에 길을 내려고 했다는 것만으로도 상상하기 힘들다.

봉우리와 봉우리를 연결시킨 그 유명한 '천하제일교天下第一橋'가 눈앞에 있다. 인간이 연결시킨 게 아니고 자연적으로 형성된 다리고, 하늘 아래 첫 다리라고 해서 '천하제일교'라고 이름 붙여졌다고 소개하고 있다. 가로폭은 2m, 두께는 5m. 지상 400m 위에 형성된 봉우리와 봉우리를 연결시킨 천연다리다. 정말 절묘하다. 다리가 후덜거리지만 사람들은 잘도 걸어다닌다. 꼬불꼬불한 길과 아슬아슬한 잔도를 따라 걷는 트레킹 코스로 약 3시간 남짓 걷고 원점회귀로 돌아왔다.

장가계에 많은 원숭이들이 살고 있다.

3. 서유기 발원지 수렴동

형산 봉우리서 발원한 물이 계곡 만든 '수렴동'서 나오고 영화도 촬영

수렴동水帝洞(Water Curtain Cave)은 중국의 4대 고전문학작품 중의 하나인 〈서유기〉의 발원지로 유명하다. 영화 '서유기'도 이곳에서 촬영했다. 남악 형산의 72개 봉우리 중의 한 봉우리에서 발원한 물이 연중 계속 폭포로 흘러내린다. 이들 물들이 여러 개의 호수를 조성하고 있다. 이 호수로 인해 환상적인 경관을 만든다.

수렴동은 또한 도교의 3대 성지聖地(sacred land) 중의 한 곳이며, 불멸의 신선이 사는 지역으로 여겨진다. 도교의 26동천으로도 꼽힌다.

수렴동으로 들어서자마자 커다란 호수가 나오면서 손오공 동상이 호수 중앙에서 무술하는 포즈를 취하고 있다. 삼장법사가 아닌 신선이 나올 만한 곳으로 꾸며 놓았다. 이곳에서도 매화가 벌써 꽃을 피웠다. 홍매다.

가뭄인지 물이 별로 없다. 계곡 바위는 한국에서 보던 그대로다. 우리의 천불동계곡보다 못한 듯한 느낌이다. 이런 데서 신선이 산다면 천불동계곡에는 신선소굴 정도 되겠다.

계곡 끝까지 올라간다. '취면동醉眠洞'이 나온다. 자연에 취해서 잠을 자는 동굴이란 의미다. 우리의 인수봉만한 암벽 봉우리가 나오면서 그 앞에 손오공이 멀리 바라보는 듯 손을 눈 위에 올리고 있다. 그 앞은 호수, 취면호醉眠湖다.

제일 꼭대기에 다다랐다. 바위에 글자를 새겨 놓았다. '천하제일천天下第一泉'이라고. 그 옆에 '하거하래 불사주야何去何來 不舍晝夜'라고 써 있다. '인생이 어찌 가고 오는 것이 아니겠는가, 물과 같이 밤낮 쉬지 않고 흐르는 것이리라'는 뜻 정도 되겠다. 공자의 말씀에서 나온 말이다. 쉬지 않고 공부하라는 뜻이 담겼다는 의미부여를 할 수 있다.

수렴동　서유기 발원지에 손오공 형상을 물 위에 세워 방문객을 맞는다.

수렴동 취면관폭　자연에 취해 자는 듯하면서 폭포를 바라본다는 의미

동악 태산

2장

●

동악 태산

泰山景区导游图
Tourist Map of Mount Taishan Parkland

동악 태산 전도

동악의 배경과 구성요소

동악의 신 '청제青帝'는 복희, 봄 상징… 만물 탄생·생동 나타내

　　동악 태산은 중국뿐만 아니라 우리나라에서도 천하제일의 명산으로 꼽는다. 공자·사마천·제갈량·이백·두보·소동파 등 수많은 시인 묵객들이 태산을 방문해서 시문을 읊었거나 자취를 남겼다. 역대 황제들도 숱하게 태산을 찾아 봉선의식을 치렀다.

　　2005년 중국 정부에서 조사한 바에 따르면, 중국인이 꼽은 중국의 10대 명산은 태산, 황산, 아미산, 노산, 티벳 주물라이봉, 백두산, 화산, 무이산, 옥산, 오대산이라고 한다. 2015년 중국을 대표하는 홈페이지에서도 중국인들이 가장 많이 찾는 10대 명산은 1위 태산(동악), 2위 황산, 3위 아미산, 4위 화산(서악), 5위 장백산(백두산), 6위 에베레스트, 7위 형산(남악), 8위 숭산(중악), 9위 부사산富士山(일본 후지산), 10위 알프스였다. 태산은 언제 조사해도 압도적 1위로 나타나, 중국인들이 가진 태산에 대한 무한한 경외심은 각별하다고 할 수 있다. 어떻게, 어떤 기준으로 조사해도 중국인들이 가장 으뜸으로 꼽은 산은 태산이다.

　　왜 그럴까? 도대체 태산이 무엇이기에 그럴까? 여기에는 복합적인

태산 운무   일출 직전의 운무는 천하장관이라고 한다.

이유가 작용한다. 우선, 신화와 관련 있다. 중국의 천지개벽 신화를 소개하고 있는 육조시대 임방任昉이 쓴 『술이기述異記』에 천지를 창조했다는 반고가 죽은 후 그녀의 머리 부분이 동악이 됐다는 태산이다. 사람의 신체는 머리 부분이 가장 중요하다. 따라서 태산은 동악 중에서 으뜸이고, 중국인이 가장 좋아하고 많이 찾을 수밖에 없다.

동악 태산에 들어서면 가장 눈에 많이 띠는 것이 대묘岱廟이다. 오악 중 으뜸이라는 의미이다. 해발 1,545m밖에 안 되는 태산이지만 중국 신화의 천지창조의 시작이라는 반고의 머리라는 상징성 때문에 중국 최고의 산으로 꼽는 데 손색이 없는 것이다.

나아가, 중국에서 동쪽이 갖는 상징성이 매우 크다는 점을 들 수

역대 12황제가 봉선을 올렸다고 태산 천외광장에 기둥을 세워 기념하고 있다.

있다. 역대 황제들도 동악 태산에서 친림제사를 지낸 횟수가 22회로 가장 많다. 태산에서 최초로 봉선한 황제는 진시황으로 알려져 있다. 공식적으로 그렇다. 하·은·주 시대는 황제가 올랐다는 기록은 있는데 누가 올랐는지에 대한 구체적 기록은 남아 있지 않다. 어쨌든 태산에 오른 황제들은 동악대묘에서 천신과 산신에게 성대하게 봉선제를 지냈다. 주련 및 현판은 어김없이 동쪽을 가리키는 오방색인 청색이다. 태산에 가면 건물과 현판, 주련에 청색이 많은 이유다.

　동악의 신들이 중국 최고의 신들로 좌정한 점도 태산이 천하 명산으로 꼽히는 이유다. '동악대제'는 송대 이후 도교신으로 정착한 태산부군泰山府君의 호칭이다. 한대漢代에 민간에서 태산부군으로 부르다, 당대唐代에 천제왕으로 명칭이 바뀌었다. 태산부군은 천제의 손자로 사람의 혼백魂魄(마음과 육체)을 불러들이는 생명의 장단을 관장하는 신으로 숭배됐다. 동악대제의 딸은 벽하원군으로, 낭랑신의 첫 번째로 꼽힌다. 서양에서는 벽하원군만을 대상으로, 즉 벽하원군이 누구인지, 무엇을 상징하는지 등에 대한 활발한 연구를 벌일 정도다. 발표된 논문도 다수 있다. 낭랑은 전형적인 도교의 다양한 여신들이다. 송자낭랑은 자녀의 잉태, 자손낭랑은 자손번영, 두진낭랑은 천연두 치유, 최생낭랑은 출산 촉진, 안광낭랑은 눈병 치료 등으로서 아직까지 중국민들의 민간신앙에 깊숙이 전승되고 있다. 이와 비슷한 민간신앙은 우리나라에도 쉽게 찾을 수 있다. 옛날 할머니들이 집안 우물 옆에 정화수를 떠놓고 자식들이나 손자들 잘 되기를 비는 모습은 도교의 신앙과 결코 무관치 않다. 동악에서 이 낭랑신을 모시고 제사하는 곳이 낭랑묘娘娘廟이다.

　도교 최고의 신 옥황상제는 태산 정상에 모셔져 있는 점도 태산이

동악 태산 최고의 신
옥황상제

최고의 산이기 때문이다. 옥황상제는 하늘, 상제上帝, 천제天帝의 도교신화의 한 모습으로 알려져 있다. 옥황이란 이름은 당대에서 시작됐다. 최고 신인 원시천존의 아칭인 옥제에서 유래했다고 전한다. 청제靑帝란 현판이 자주 눈에 띄는데 '동악의 신' 태호(복호 또는 복희라고도 한다)를 가리킨다. 상고시대 전설 속의 동이족 수령이다. 다섯 방위를 관장하는 수호신인 오방신장의 하나로써, 봄을 맡은 동쪽의 신이기도 하다. 중국신화와 연결된다. 경복궁의 동쪽 문인 건춘문建春門도 다 이와 관련 있다.

또한 동악 태산에는 다양한 신화와 연결된 신들이 좌정해 있다. 봄의 신 태호는 동방의 천제가 되었고, 신하 구망이 태호 밑의 속신이 됐다. 구망의 형상은 새 몸뚱이에 사람의 얼굴을 한 채 두 마리 용을 끌고 다닌 모습을 하고 있다. 태호와 구망은 함께 동방의 푸르고 나무 우거진 1만 2,000리 지방을 관리하면서 봄날의 주신이 됐다고 중국 신화에서 전한다.

봄은 양기운이 서서히 발현하는 계절이다. 음양오행에서 봄은 양을 상징한다. 동시에 봄은 만물이 생동하는 계절이라 목木을 나타낸다. 목이 단순히 나무를 의미하는 것이 아니라 만물이 생동하는 현실을 상징하는 것이다. 그래서 산의 혈을 나타내는 오성에서 동악은 목체의 산에 해당한다. 목체는 문필봉과 같이 봉긋한 봉우리의 형상을 띤다. 문필봉에서 특히 인물이 많이 난다고 전한다. 실제 산동성 지방엔 공자와 맹자를 비롯한 중국 역사에 큰 영향을 끼친 수많은 인물이 배출됐다. 손자병법을 쓴 손무, 왕희지, 제갈량, 신의神醫 편작 등이 산동성 출신이다. 최근 중국군 34명의 상장(우리의 장성) 중 산동성 출신이 6명으로 가장 많은 것으로도 알려져 있다.

동쪽이 가리키는 동물은 우리가 흔히 알고 있는 좌청룡에서 보듯 용이다. 역시 용의 모습을 동악 태산에서 어렵지 않게 볼 수 있다. 이와 같이 모든 구성요소가 일관성 있게 동악 태산에서 나타난다. 이렇게 다양한 요소를 복합적으로 일관성 있게 살펴봐야 동악 태산을 제대로 판단할 수 있다.

●

동악 태산 기행
태산은 중화 문화사의 축소판이자 결정판

동서고금을 막론하고 자연은 시인 묵객들에게 좋은 소재다. 하물며 중국 최고의 명산이라 불리며, 오악독존으로 평가받는 태산은 얼마나 많은 소인묵객騷人墨客들이 찾았겠는가.

대종부여하岱宗夫如何	태산은 과연 어떠한 산인가?
제노청미료齊魯靑未了	제·노에 걸쳐 푸른빛이 끝없도다
조화종신수造化鍾神秀	천지에 신령함과 빼어남 모두 모아
음양할혼효陰陽割昏曉	산의 음지와 양지가 황혼과 새벽을 가르구나
탕흉생층운盪胸生層雲	가슴 호탕하게 뭉게구름 피어나고
결자입귀조決眥入歸鳥	눈가 찢어질 듯 저 멀리 돌아가는 새
회당능절정會堂凌絶頂	언제든 가파른 꼭대기에 올라가 본다면
일람중산소一覽衆山小	한번 둘러보매 뭇 산들 모두 작게 보이리

당대 최고의 시인으로 평가받는 두보杜甫(712~770)가 태산을 노래한

'망악望嶽'이다. 태산을 멀리서 바라보고, 가까이서 바라본 느낌과 산 정상에 올라 꼭 미래의 성공을 다짐한 내용이다. 두보에게 있어 태산이란 공간은 선계가 아닌 현실을 잘 헤쳐 나가도록 격려해 주는 인간적 공간으로 기능하고 있다.

두보와 쌍벽을 이룬 이백李白(701~762)은 '태산음泰山吟'에서 태산을 선계의 세계로 노래하고 있다.

사월상태산四月上泰山	사월에 태산에 오르니
석평어도개石平御道開	돌이 평평하니 황제가 갔던 길이라네
육룡과만견六龍過萬堅	여섯 용이 만개 골짜기를 건너
간곡수자회澗谷隨縈廻	계곡물 따라 휘감아 돌도다
…중략…	
옥녀사오인玉女四五人	하늘나라 네댓 명의 옥녀가
풍요하구해飄搖下九垓	바람 타고 하늘에서 내려오네
함소인소수含笑引素手	웃음 머금고 하얀 손 당겨서
견아유하배遺我流霞杯	나에게 유하주 술잔을 남겨주네
계수재배지稽首再拜之	고개 조아려 재배하니
자괴비선재自塊非仙才	스스로 신선될 재주 아닌 것이 부끄럽다
광연소우주曠然小宇宙	마음을 활짝 열고 온 우주를 작게 보며
엽세하수재棄世何愁哉	인간 세상 버리니 무엇을 걱정하겠는가!

이백은 태산의 경치를 객관적으로 묘사하는 동시에 자연 그 자체의 아름다움을 찬미하다가 후반에서는 자신의 감정을 삽입하여 인간 세상을 떨쳐 버리겠다고 읊고 있다. 이런 수법은 전통적인 산수山水시의 형태다.

일출을 보기 위해 공북석에 수많은 사람들이 밤을 지새며 기다리고 있다.

이와 같이 태산은 선계와 속계를 넘나들며 문인들의 작품 소재가 됐다. 신선을 만나고 싶은 문인은 그들대로 감정을 태산에서 풀었고, 자연경관에 감탄한 문인은 자연 그 자체를 시로 옮겼다. 명나라 3대 황제 성조成祖 (1360~1424)도 '등악登嶽'이란 제목의 시에서 세월의 무상함과 역사의 영고성쇠는 자신의 인생역정과 무관하지 않음을 읊으며 한탄하고 있다.

진비무자명공재秦碑無字名空在
　　　　진의 무자비는 헛되이 이름만 남았고
당각마애소자봉唐刻磨崖蘇自封
　　　　당의 마애석각은 저절로 이끼가 덮었다

추격궁반상왕사追客窮攀傷往事

쫓겨난 나그네가 산에 올라 옛일에 마음 상하고

불승비골수강풍不勝痺骨受剛風

야윈 몰골 이기지 못한 채 거센 바람을 맞이한다

선계와 속계, 전설과 신화, 인생무상 등 역대 시인 묵객들은 태산을 보고 온갖 상념에 빠졌다. 범부들이 일개 산에 올라가도 감상에 빠지거나 시상이 떠올라 음풍농월 하는데 하물며 당대 최고의 문인들이 최고의 산 태산에 올랐으니 오죽했으랴.

시인 묵객들이 남긴 시만큼이나 태산을 가리키는 수식어도 많고 화려하다. 명사에는 호도 많고 명산에는 별칭이 많은 것은 고래로부터 내려온 전통이기도 했다. 천하제일산天下第一山, 오악독존五嶽獨尊, 오악독종五嶽獨宗, 오악지장五嶽之長, 오악지수五嶽之首, 대종岱宗, 대산岱山 등등…. 이들은 모두 중국 오악 중의 지존으로 꼽히는 동악 태산泰山(1,545m)을 가리키는 수식어들이다. 한 마디로 최고의 산이라는 의미다.

동악 태산을 두고 역사학자들은 "서양에 올림푸스 산이 있다면, 동양엔 태산이 있다"고 말한다. 올림푸스산이 어떤 산인가? 서양 신화의 원천이 된 그리스신화에 나오는 모든 신神들의 산이다. 온갖 역사와 신화의 발원지인 산이다. 무궁무진한 스토리가 여기서 쏟아져 나와 지금까지 전한다. 그렇다면 태산은 어떠한가? 중국 고고학자이자 고문자 전문가이면서 역사학자인 곽말약郭末若은 "태산은 중화 문화사의 축소판이며 결정판"이라고 말했다. 올림푸스산 못지않게 정신사적으로나 종교적, 문명사적으로 중요하면서 연구대상이라는 의미다.

지난 1987년 태산을 세계복합(자연+문화)유산으로 등재하면서 유네스코가 몇 가지 이유를 밝혔다. 우선, 세계에서 유일무이한 봉선제 문화가

태산 정상 맞은편에서 바라본 태산 전경   옥황정과 천가거리가 보인다.

있다는 점이다. 둘째, 독특한 특색을 가진 유교·불교·도교·민속신
앙·산악신앙 등의 문화가 공존하고 있다는 점을 높이 샀다. 셋째, 중화
민족의 정신적 기원이었다는 점을 가치 있게 평가됐다.

　봉선제는 황제들이 하늘과 땅(천지)에 지내는 제사를 말한다. 중국
최초의 역사서 사마천의 〈사기〉 봉선서 편에 '진나라 이전에도 72명의
군왕이 봉선했다는 설이 있다'고 기록하고 있다. 그 중 12명의 제왕이
봉선한 내용도 간단히 소개한다. 중국 신화에 나오는 3황5제가 모두 포함
된 72명의 군왕은 상고시대 무회씨, 복희, 신농, 염제, 황제, 전욱, 제곡,
요, 순, 우, 탕, 주성왕 등을 말한다. 중국의 상고시대 왕으로 알려져
있다. 이어 역사서에 기록된 진 시황, 한 무제, 광무제, 당 현종, 송 진종,
청 강희제, 건륭제 등도 태산에 올랐다. 우리 귀에 익은 12명에 해당하는
제왕들이다.

태산을 상징하는 계단이 길게 뻗어 있다.
고대 황제들은 이 계단을 통해서 태산 정상에 올라 봉선을 지낸 것으로 알려져 있다.

봉선에 대한 첫 공식 기록은 진시황이 중국을 통일한 직후인 B.C 219년부터이다. 이후 한나라 무제 때는 대규모 정치행사로 발전했다. 봉封이란 옥으로 만든 판에 원문을 적어 돌로 만든 상자에 봉하여 천신天神에게 비는 일이었고, 선禪이란 토단을 만들어 지신에게 비는 행위를 합해서 봉선이라 일컫는다.

중국『오경통의五經通義』에 봉선의 목적을 '새로운 왕조를 열고 태평성대를 이루면 반드시 태산에 봉제를 지내고 양부산에서 선제를 지낸다. 이는 하늘의 명으로 왕이 되어 뭇 백성을 다스리도록 했으니, 하늘에 천하가 태평해진 것으로 고하고, 천지와 모든 신령의 공에 보답하는 것이 다'라고 기술하고 있다. 천명을 받은 제왕이 하늘과 대화하는 최적의 장소로 태산을 선택한 것이다. 명산은 천신과 접하는 최적의 장소인 셈이다.

그렇다면 왜 태산인가? 태산보다 높은 산이 중국에 수도 없이 많다. 실제 태산 정상에서 GPS로 측정해보니 1,444m로 나타났다. 공식적으로 알려진 1,545m나 1,505m보다 더 낮았다. GPS오차를 감안하더라도 실제 1,500m는 안 되는 듯했다. 그런 산이 왜 중국 최고의 산으로 숭배 받고, 정신·문화·문명사적으로 그렇게 지대한 영향을 미쳤을까? 실제 몇 명의 중국인들에게 "어떤 산을 가장 좋아하느냐?" 물어보니 "태산"이라며 엄지손가락을 들어 보이며 답했다. 지난 2015년 3월 현재 중국인들이 가장 많이 찾는 산과 인터넷에서 검색 많이 하는 산 1위는 태산으로 나타났다. 중국인들이 많이 찾는 10위까지의 산은 태산을 뒤이어 황산, 아미산, 화산, 장백산, 에베레스트, 형산, 숭산, 부사산富士山(일본 후지산), 알프스 순이었다.

중국인이 태산을 숭배시하고 많이 찾는 몇 가지 이유를 중국 역사학자들은 다음과 같이 분석했다. 먼저, 태산은 중국 대륙의 동쪽이며, 이는 주역의 팔괘로 진晉에 해당한다. 진은 일日과 지지至至(이르다)의 합성어로

태산의 바다에서 떠오르는 일출이 장관이라는 글씨가 바위에 새겨져 있다.

'태양이 땅에 다다른 모습'을 말하는 것으로서, '해가 지상에서 떠오르는 모습'을 말한다. 따라서 진은 만물이 나오는 곳을 상징한다. 즉, 해가 뜨는 곳이며, 만물의 시초가 되는 것이다.

둘째, 진은 음양오행사상에서 해가 뜨는 동東쪽과 통한다. 동을 한자로 파자하면 나무木 사이로 해日가 떠오르는 모습을 형상화 한 글자이다. 바로 동의 의미 자체가 만물을 잠에서 깨우는 생명의 탄생과 연결된다. 동방은 봄이고, 나무에 해당하고, 청색을 나타낸다. 인의예지신 오상五常의 인仁에 해당한다. 동쪽은 하루 중에서 아침을 가리키며, 계절로는 봄, 일생에서는 성장기를 의미한다. 목→화→토→금→수로 시작되는 오행에서 목木은 단순히 나무를 가리키는 것이 아니라 동쪽을 나타내며 농사를 의미한다. 농업은 고대 사회의 근본이다. 제후의 순수도 네 구역을 차례로 방문하는 것으로 시작한다. 처음에는 청색(동), 그 다음엔 적(남) · 백(서) · 흑색(북)의 순서로 의식을 집전한다. 산의 혈법으로 동악은 목체의 산이며, 상징하는 색깔은 청색이다. 이는 동악 태산에 있는 사찰이나 도관 어디를 가더라도 현판이나 주련에서 쉽게 볼 수 있다.

셋째, 주역과 음양오행사상에서 만물의 시초 · 생명의 탄생이라는 동쪽과 진이라는 괘와 맞아떨어진 동악 태산은 중화문명의 발생지일 뿐만 아니라 정신문명의 발원지로 연결된다. 정신문화의 발원은 민간신앙이나 산악신앙과 같은 민속적 정서와 결부돼 더욱 확산성을 갖는다. 애초 태산 숭배사상은 태산이 있는 산동성에서만 특색 있는 신앙이었다. 하지만 진시황이 중국을 통일하고 한나라 때 음양오행사상이 전국적으로 확산되면서 오악의 개념이 정착됐다. 따라서 태산대묘는 산동성에서 점차 전국으로 전파되기 시작하면서 하남 · 산서 · 하북 등지에 동악묘가 건립되고, 나아가 전국적으로 태산숭배사상을 굳혀 나가게 된다. 더욱이 역대 황제들이 태산에서 봉선이라는 국가행사를 개최하면서 더욱 신성시하고 숭배하면서 천하의 명산으로 거듭나게 된다. 하나의 사상이나 신앙이 어느 일순간 전국적으로 퍼질 수는 없으며, 장시간 국민들의 검증을 거친 뒤 제도나 종교로 발전하게 되는 이치와 같은 것이다. 이후 청나라가 들어선 뒤에는 만주족과 한족의 문화융합정책으로 동악묘가 동북지역에까지 영향을 미쳤고, 나아가 신강 · 티벳을 평정하면서 동악묘사廟社가 동아시아의 대표사상으로 자리 잡게 했다.

유교는 유, 불교는 유무, 도교는 무

이러한 사상에 바탕을 둔 태산은 유불선 3교와 다시 융합한다. 다른 오악도 마찬가지이지만 태산은 유불선 삼교가 가장 잘 공존하고 있는

태산에 있는 마애석각

산이다. 유교에서는 태산을 성산聖山, 도교에서는 선산仙山, 불교에서는 영산靈山으로 부른다. 이처럼 태산은 자연의 산에 그치지 않고 중화 민족의 단결과 사상적 융합을 주도하는 정신적 지주의 산이라는데 중국인들은 전혀 이의가 없다.

유교는 '성산' 태산 인근에 공자의 고향인 곡부가 있어, 공자가 세상에 이름을 알리기 전 일찌감치 태산에 올라 천하가 작게 보인다고 말한 '공자소천하처孔子小天下處'라는 비석이 정상 부근에 있다. 또 '공자인중지태산孔子人中之泰山, 태산악중지공자泰山嶽中之孔子'라는 마애석각도 있다. '공자는 사람 가운데 태산과 같은 존재이고, 태산은 산 중에서 공자와 같은 존재이다'라는 의미다. 그 외의 태산에 있는 유교 유적으로 '공자등림처'라는 글자가 새겨진 패방, 공자묘, 공자가 태산에 올라 노나라를 봤다는 '첨로대瞻魯臺' 등의 석각과 비석을 어렵지 않게 볼 수 있다. 따라서 태산은 태산 인근에 있는 공자의 고향 곡부와 더불어 유교의 색채도 비교적 강한 편이다. 하지만 중국문화상 유불선 삼교를 구분하기란 쉽지 않다.

불교 유적은 보조사, 죽림사, 경석욕 및 홍문궁의 미륵원 등이 있다. 경석욕은 금강반야바라밀경 2,500자를 새긴 암벽이다.

도교 및 민간신앙과 관련된 유적은 매우 많다. 도교 유적으로는 정상의 옥황정을 비롯해, 삼양관, 관제묘, 왕모지, 두모궁 등이 있다. 신선사상과 관련한 유적지로는 만선루가 대표적. 만선루 안에는 서왕모를 제사하는 사당이 있다. 이는 여러 신선들을 배향하고 있으며, 후대에 벽하원군에게도 제사를 지냈다.

태산을 중심으로 한 지역의 민간신앙을 대표하는 신이 벽하원군이다. 외국의 학자들이 벽하원군에 대해서만 집중할 정도로 연구대상이다. 태산 주위 곳곳에 벽하원군을 모신 사당이 있다. 산악신앙으로는 동악대제를 모신 대묘가 대표적 유적이다.

이와 같이 동악 태산은 주역과 음양오행 사상을 아우르면서 유불선 3교의 종교사상을 배경으로 하고 있어 세계문화유산으로 등재되고도 남을 만큼 가치가 뛰어나다.

그렇다면 자연경관은 과연 어떨까? 유네스코에서는 세계자연유산으로도 태산을 등재했다. 흔히 말하는 지속 가능한 보편적 가치와 태산만의 특징적 경관을 모두 지녔다는 얘기다. 참고로 태산은 세계복합유산이다.

"큰 뜻 이룰 사람 들러리로 왔다" 며 농담

태산에 어떤 경관이 있는지 올라가면서 유심히 살펴보자. 여러 번 간 날 중에 마침 일행들과 간 그 날은 아침부터 부슬부슬 비가 내린다. 사실인지 아닌지 정확히 알 수 없지만 중국 속담에 '태산에 오를 때 비가 내리면 큰 뜻을 이룬다'고 가이드가 전한다. 다들 큰 뜻을 이룰 것이라고 위로하면서 태산에 첫 발을 디뎠다. 누군가 이어서 농담으로 말한다. "나는 아니지만 누군가 큰 뜻을 이룰 사람을 위해서 우리는 들러리를 섰다"고 말한다. 다들 큰 소리로 웃으면서 "그게 누구냐"고 고개를 두리번거리며 묻는다. "…" 다들 말이 없다.

태산 오르는 길은 흔히 태산입구에서 중천문과 도화문까지 버스를 타고 올라가, 거기서 케이블카를 타고 정상 바로 밑에까지 가는 방법이 일반적이다. 과거 케이블카가 없었을 때 황제들이 오르던 길에 대한 사연이 많다. 그 길을 따라서 한 번 가보자.

태산 입구인 일천문에서 중천문을 거쳐 십팔반이 끝나는 남천문까지

남천문을 향해서 아슬아슬한 십팔반 계단으로
사람들이 올라가고 있다.

계단이 7,000여개라고 한다. 안내책자에는 7,736개라고 적혀 있다. 책자마다 다소 차이가 있는 듯하다. 계단이 수천 개 이상 되면 산술적으로 의미가 없다. 그냥 무지무지하게 힘든 길이라고 보면 된다. 보통 걸어서 5시간 이상 걸린다. 계단만으로 된 길을 5시간 이상 걷는다고 상상해보라. 그것도 매우 가파르다. 상상만 해도 끔찍하다.

외국인들은 대개 중천문까지 버스를 타고 간다. 걷는 사람은 대부분 중국인들이다. 태산입구에서 중천문까지 버스로 25~30분 정도, 걸어서 3시간가량 걸린다고 한다. 중천문에서는 케이블카를 타던지 십팔반 계단을 이용해야 한다. 이 계단도 매우 가파르다. 십팔반은 계단이 1,633개

팔반 계단 중간쯤 있는 오대부송 진시황제가 태산을 오를 때 비를 피하게 해준 소나무라고 해서 오대부라는 벼슬을 하사했다.

라고 한다. 거의 체력훈련수준으로 걸어야 한다. 걸어서 1시간 30분 정도 소요된다.

십팔반에서 가장 눈에 띄는 나무가 한 그루 있다. 바로 오대부송五大夫松이다. 진시황이 봉선을 지내기 위해 산을 오르는 중 큰 비를 만나 소나무 아래서 피했다고 한다. 그 때 소나무가 비를 잘 피할 수 있도록 가지를 널어 뜨려줬다는 전설이 전한다. 진시황은 소나무에게 고마움을 표하기 위해 24작위 중 9번째인 '오대부'를 내렸다고 한다. 그래서 오대부송이다. 하지만 지금 소나무는 청나라 때 보식된 것이라고 한다. 당대의 시인 이섭李涉은 진 시황제의 비를 피하게 한 나무에 9급작에 해당하는 '오대부'라는 작위를 하사한 데 대해 소나무에 대한 감탄과 인간의 비애를 동시에 나타내는 시를 남겼다.

운목창창수만주雲木蒼蒼數萬株

　　　　구름처럼 푸르고 푸른 나무가 많건만

차중언명역응무此中言命亦應無

　　　　이 가운데 명령을 내려도 응하는 것이 없구나

인생부득여송수人生不得如松樹

　　　　　사람의 인생이라는 것이

각우진봉작대부却遇秦封作大夫

　　　　대부에 봉해지는 소나무보다 못 하는구나

　중천문에서 케이블카를 타고 남천문 바로 아래서 내린다. 걸어서 남천문까지는 10분 남짓. 남천문을 지나면서부터 본격 황제들의 석각이 나온다. 암벽은 전부 석각으로 채워져 있다. 이를 우스갯소리로 "태산 암벽은 역대 황제들의 낙서판"이라고 한다. 정말 수준 있는 낙서판이라 해도 과언이 아니다. 공식 기록만 1,800여개라고 가이드북에서 안내한다. 일부에서는 2,200여개라는 주장도 있다. 비석 800여개, 마애석각 1,000여개로 추산한다. 거대한 '열린 마애석각 박물관' 그 자체다. 역설적으로 이만한 환경파괴와 자연훼손도 없을 성싶지만 오래된 역대 황제들의 자연훼손은 자연스레 문화유산으로 변해버렸다.

　중국 관광국에서 발간한 안내책자에는 태산 정상 석각은 258곳으로 기록돼 있다. 석각 대부분 역대 제왕이 봉선 의식을 행할 때의 제문, 사묘寺廟의 창건과 중수기, 태산을 칭송하는 시문들이라고 소개한다.

벽하원군은 민간신앙이면서 도교 여신

　남천문을 지나니 처음으로 '오악지존五嶽至尊' 석각이 보인다. 이어

'산고망원山高望遠(높은 산에서 멀리 바라본다)' '봉황산鳳凰山' '일근운저日近雲低(해는 가깝고 구름은 낮다)' 등이 잇달아 등장한다. 벽하사와 공자묘로 가는 갈림길이 나온다. 일단 벽하사 방향이다. 벽하사 현판과 주렴은 전부 청색이다. 동쪽을 나타내는 상징색이다.

벽하사에 모셔진 신은 벽하원군. 태산을 중심으로 한 산동성 지역의 민간신앙을 대표하는 신이다. 태산 주위에 벽하원군을 모신 사당이 많다. 동악대제를 모신 산악신앙과는 구별된다. 태산 산악신앙이 동악대제다. 동악대제 신앙은 자연신 숭배에서 비롯됐다. 태산 봉선의 출현으로 동악 신은 상천이 인간과 소통하는 신성사자이며, 제왕이 하늘로부터 명을 받고 천하를 다스리는 보호신으로 여겨졌다고 전한다. 그래서 동악대제 라는 칭호가 붙게 됐다. 여기에 도교와 불교가 영향을 미치면서 동악신은 만물의 발생, 인간의 생사, 귀천 등 모든 것을 관장하는 숭고한 존재로 부각되고, 일반 민중의 신앙대상이 된 것이다.

벽하사 안내문에 '천선성모벽하원군天仙聖母碧霞元君'이라 써놓고 자세히 설명하고 있다.

'벽하원군은 도교의 유명한 여신이다. 민간 에서는 태산성모, 태산옥녀, 태산노내내泰山老奶 奶 등으로 불리며, 화북지방에서는 태산낭랑으로 굳어졌다. 도교경전에 따르면 벽하원군은 상고시대부터 여신이었으며, 황금빛 연꽃에서 사람의 몸으로 화했다고 전한다. 태산에서 은거하며 수천 년 동안 수련한 결과 공을 이루고 도를 통했다(功成道合).'

오악독존 마애석각

학자들은 벽하원군은 고대 원시사회의 모계중심 사회의 모신숭배에서 비롯됐다고 본다. 또한 벽하원군의 호칭은 도교 신선의 호칭과 관련 있다. 도교에서는 남자 도사 혹은 신선을 진인, 여자 신선을 원군이라고 한다. 따라서 벽하원군은 도교의 신이기도 하지만 태초의 여신을 나타내는 것이다. 글자 그대로의 의미는 푸른 안개의 여선녀를 가리킨다. 또한 도교 신전 중에는 자주색이나 청색 관련 신선이 등장한다. 이는 노자가 도덕경을 설한 설경대說經臺에 윤희가 예를 갖춰 노자를 맞는 장면을 그림으로 그려놓고 그 옆에 '紫氣東來(자기동래)'란 글과도 관련 있다. 이른바 동쪽에서 상서로운 기운이 온다는 것이다. 중국에서는 신선이나 훌륭한 인물이 나타날 때는 항상 자색으로 표시한다.

중국에서 도교가 흥하면서부터 민간에 널리 성행하고 있던 태산옥녀

동악 태산에 있는 벽하사

를 신전에 모시면서 벽하원군이라 칭하기 시작했다. 벽하원군이란 호칭은 당나라 때부터 사용했다고 전한다.

옥황정 아래 한무제 무자비도 눈길

낭랑도 도교 여신의 명칭이다. 여성들의 일반적인 일을 담당하는 낭랑에는 여러 종류가 있으나 계통적으로 구별하면 세 종류로 나뉜다. 서왕모西王母의 왕모낭랑, 벽하원군의 태산낭랑, 천비의 천후낭랑이다. 그 밑에 자식을 주는 송자낭랑, 자손을 번영하게 하는 자손낭랑, 천연두를 고쳐주는 두진낭랑, 출산을 촉진시켜주는 최생낭랑,

눈병을 고쳐주는 안광낭랑 등이 있다. 벽하원군에서 계통적으로 파생된 여신들만 파악해도 이렇게 넓어진다. 오악에는 각각의 개별 신들이 이렇게 모셔져 있다.

벽하사를 지나자 황제들의 석각들이 모여 있는 '대관봉大觀峰'이 나온다. 그 암벽에 제일 먼저 눈에 띄는 석각은 황금색으로 입혀진 '천하대관 기태산명 마애비天下大觀 紀泰山銘 摩崖碑'이다. 세로 13m, 가로 5.3m의 바위에 총 966자(일부에서는 1008자라고도 한다)의 글씨가 예서체로 새겨져 있다. 모두 금박을 칠해 휘황찬란하다. 내용은 선인들의 비문이 모두 태산의 위엄을 찬양하고 있으며, 당나라는 태평성대를 구가하고 있다는 것이다. 당 현종이 봉선한 옥첩 내용의 기록이다. 이전까지 하늘에 고했던 옥첩은 모두 비밀에 부쳐졌지만 현종이 첫 공개했다고 한다.

태산에 있는
마애석각 중 하나

바로 그 옆에는 '만인벽립萬仞壁立 (만 길 낭떠러지 절벽이 우뚝 솟아 있다)', '치신소한置身霄漢(몸을 하늘의 은하수에 둔 것 같다)', 청강희제가 쓴 '운봉雲峰'도 보인다. 바로 그 옆에 '천하가 다 보인다'는 천하대관天下大觀이라는 석각도 있다. '산등절정아위봉山登絶頂我爲峰'이라는 석각도 눈에 띈다. '정상에 오르니 나도 봉우리가 된다'는 뜻이다. 즉 정상에 선 느낌은 자연과 혼연일체가 된다는 의미다. 또 절정絶頂, 앙지仰止 등의 비석도 보인다. 앙지는 경외하지 않을

제2부 중국 오악 기행

수 없는 태산 꼭대기라는 뜻으로 쓰였다. 정말 온갖 마애석각들로 감탄이 절로 나온다. 암벽이 황제들의 낙서판 그대로이다. 마애석각 문화만 분석해도 새로운 분야가 나올 것 같다는 생각이 든다. 정말 놀랍다.

조금 더 올라가자 중국 신화에 나오는 남신 복희伏羲를 모신 청제궁靑帝宮이다. 신농·여와 등과 함께 3황에 속하며, 중국 최고의 제왕으로 꼽는다. 안내문에는 '청제는 중국 동방의 신이며, 사람의 생존을 주재한다'고 적혀 있다. 청제궁도 현판과 주렴 모두 동방을 가리키는 청색 일색이다.

이어 '오악독존' 등의 석각이 등장한다. 암벽마다 전부 글자가 새겨져 있다. 비는 오는데 여기저기 눈 둘 곳은 많고, 어디에 눈을 붙여야 할지 분별이 안 될 지경이다. 그 중 몇 가지만 둘러보자.

청 강희제가 쓴 것으로 전하는 '과연果然'이 있다. 경치가 너무 아름다워 더 이상 수식어가 필요없다는 의미로 쓴 것이라 전한다. '충이虫二'도 있다. 청나라 말기 유정규라는 문인이 표현한 석각이라 한다. 무슨 내용인지 알 수가 없다. 가이드의 설명은 풍월무변風月無邊을 적으면서 풍월이

오악지존 마애석각

란 한자에 변을 없애 버렸다. 풍월에 변을 없애니 읽을 수가 없는 '虫二'이 된 것이다. 태산의 2,000여개 석각 중 가장 함축미가 뛰어난 글로 평가받고 있다. 아름다운 경치가 끝이 없다는 의미라고 한다.

정상 옥황정 바로 밑에 공등암孔登碞이란 석각이 있다. 공자가 태산 정상을 오른 것을 기념

한 표지석이다. 공자는 태산에 오른 후 공자등태산이소천하孔子登泰山而小天下 '태산에 오르니 천하가 작다'는 말을 했다. 공자가 아직 뜻을 펼치지 못할 때 태산에 올라 권력을 가진 제왕들을 은근히 비하했다는 이야기다.

맹자의 흔적도 보인다. 옥황정 바로 아래 '암암嚴嚴'이라고 새겨져 있다. 태산암암이란 뜻으로 바위같이 굳센 기질, 의연함을 나타내며 호연지기와 상통한다고 해석한다. 이는 맹자의 굳센 기운을 기려 새겼다고 한다.

정상에 새겨진 글씨인 웅치천동雄峙天東, 발지통천拔地通天, 경천봉일擎天捧日, 준극우천峻極于天은 모두 태산의 위대함을 칭송하는 글 들이다. 청 강희제는 태산 정상에 올라 보조건곤普照乾坤이라는 네 글자를 남겼으며, 대관봉에 운봉雲峰이라고 쓴 글씨도 그가 남긴 것이다. 모두 태산의 위엄을 찬송한 내용들이다.

정상 옥황정 바로 밑에 눈에 띄는 비석이 하나 있다. 집채 높이의 비석에 글자가 하나 없는 비석이 있다. 이른바 '무자비無字碑'. 진시황과 한무제가 썼다는 두 가지 설이 전한다. 진 시황이 중국을 최초 통일하고 더 이상 무슨 할 말이 있겠느냐고 어떤 글자도 남기지 말라고 해서 한 글자도 새기지 않았다고 전한다. 하지만 이후 학자들은 한 무제가 쓴 것으로 결론 내렸다고 한다. 무자비 바로 앞에도 '높이가 5.2m로, 한나라 무제가 세운 것이다'라고 적혀 있다. 한 무제의 무자비 의미도 진 시황과 별로 다르지 않다고 한다. 자신의 업적을

태산 정상 옥황정 바로 아래 한 무제가 세웠다는 무자비

제2부 중국 오악 기행

태산 정상 옥황정 모습

일일이 기록할 수 없어 그냥 비워두고 후대의 역사가들이 평가하게 했다는 의미라고 한다. 후대의 해석인지 당대의 평가인지 알 수는 없다.

이윽고 옥황정이다. 태산 정상비석(1,545m)은 옥황정 정중앙에 자리잡고 있다. 비석 주위에 수많은 열쇠들과 이를 두르고 있는 붉은 리본이 기복신앙을 나타내는 수많은 중국인들의 심정을 대변하는 듯했다. 안내판에는 '옥황대제의 불상이 모셔져 있으며, 고대 제왕들이 여기서 천제의식을 진행했다'고 전한다. 옥황정 현판에는 '시망유풍柴望遺風'이 적혀 있다. 글자 그대로 '장작을 바라보면서 바람을 남겼다'는 뜻이다. 이는 하늘에 대한 천제의식과 땅에 대한 제례, 즉 봉선이 생긴 유래를 나타내는 의미로 보인다. 이도 물론 청색현판이다.

마침 조선시대 문인 양사언楊士彦이 쓴 시조 태산이 떠오른다. 우리가 흔히 알고 있는 그 시조다.

태산수고시역산泰山雖高是亦山　태산이 높다하되 하늘 아래 뫼이로다.

등등불이유하난登登不已有何難　오르고 또 오르면 못 오를 리 없건만

세인불긍노신력世人不肯勞身力　사람이 제 아니 오르고

지도산고불가반只道山高不可攀　뫼만 높다 하더라.

　　양사언이 중국 태산을 다녀왔는지 알 수 없지만 높지 않은 산 태산을 최고의 산으로 칭송하면서 사람들의 꾸준한 노력을 권장하는 내용이다. 태산 정상은 정말 볼품도 보잘 것도 없는 세상 어디서나 볼 수 있는 그런 관광지의 한 곳에 불과하다. 열린 마애석각 박물관은 환경훼손이고 자연파괴의 현장이다. 그런데 어떻게 이렇게 많은 중국의 역대 황제들과 시인 묵객들이 흔적을 남길 수 있었을까. 이것은 분명 단순한 하나의 산이 아니고 정신문화유산의 현장으로 봐야하는 역설의 의미가 숨겨져 있기 때문일 것이다. 그것을 파악해야만 태산을 제대로 볼 수가 있고, 알 수가 있다. 『중국 오악 기행』을 통해 그 엄청나고 깊은 정신문화유산의 의미를 일부나마 파악할 수 있었으면 하는 바람이다.

　　이제 하산이다. 남천문 부근 바위벽엔 부앙무괴작俯仰無愧怍이 있다. 태산에 올라 '하늘을 우러러 부끄럼이 없고 사람을 굽어 수치스러운 일이 없는 경지'에 이르게 됐다는 뜻이다. 남천문 바로 옆엔 '하늘로 올라가는 길'이라는 뜻의 여등천如登天이 새겨져 있다.

　　종선여등從善如登 석각도 눈에 들어왔다. '올라갈 것이냐, 말 것이냐, 고민하지 말고 계속 오르라'는 의미다. 원래 이 말은 중국 속담인 '종선여등從善如登, 종악여붕從惡如崩에서 나온 것이다. 산을 오르는 것은 선을 좇는 것과 같고, 내려가는 것은 악을 좇는 것과 같다'는 말에서 나왔다.

　　인근 공북석·첨노대 등으로 한 바퀴 돌았으나 자욱한 안개와 비가 오는 관계로 눈에 뵈는 게 하나도 없다. 태산에서 비가 온 뒤 산 정상에서

바라보는 운해가 환상적이라는데, 이마저도 볼 수 없는 상황이다.

십팔반이 시작되기 직전에 모택동이 수풍류인물환간금조數風流人物環看今朝라고 쓴 글이 보인다. '이제 영웅이라 할 수 있는 인물은 무산계급뿐이다'는 뜻이다. 진시황도, 한무제도, 당태종도, 징기스칸도, 영웅으로 불리던 그 어떤 인물도 다 지나갔고, 현재 영웅이라고 할 만한 인물은 무산계급만 남아 있다는 것이다. 모택동의 의도가 엿보이는 석각이다. 주은래의 부인 등영초는 등태산간조국산하지장려登泰山看祖國山河之壯麗를 새겼다. '태산에 올라 조국의 강산을 내려다 본다'며 중국 공산당 혁명의 성공을 만족하는 듯한 심경을 표시해 놨다. 태산은 중국의 고대로부터 현대 인물까지 총망라해서 글을 남겼다. 그 의미의 변천을 살펴봐도 재미 있을 것 같다.

태산이 가진 중국의 문화·종교적 사상에 대해서 살펴볼 좋은 기회였다. 태산의 유불선 삼교합일의 현장, 음양오행의 유적 등 무궁무진한 중국문화에 대해 정말 경탄해 마지않을 정도의 정신문화적 자산의 보고 寶庫였다. 그것이 중국의 오악, 그리고 동악 태산이 모두 안고 있었다.

03

●

태산 주변 명승지

1. 공자의 고향 대묘 · 곡부 · 양산박

가장 유명한 장소가 대묘다. 역대 중국 황제들이 태산에서 옥황상제께 봉선의식을 올리기 전 먼저 태산신에게 제사를 지내던 곳이다. 북경의 고궁, 공자가 살던 곡부의 대성전과 함께 중국 3대 건축의 하나다. 송나라 때 건축했다고 전해지는 본전인 천황전 내부엔 가로 62m, 세로 3.3m의 거대한 벽화가 있으며, 경내에는 약 2,000년 전 한무제가 심었다는 측백나무가 있다. 바로 앞에 한무제가 심었다는 '한백'이라는 비석을 세워 관광객들에게 알리고 있다. 입장료는 20위안이다. 현재 환율로 1위안 = 180원 정도 계산하면 된다.

태산에서 버스로 약 1시간 거리에 있는 곡부엔 공자가 살던 집, 공자의 묘, 공자사당 등이 잘 보존돼 있다. 이곳엔 또 공자의 후손들인 공씨의 무덤이 수천 기가 보존돼 있다. 문화혁명 때 비석 등이 일부 파손됐으나 원형은 그대로다. 입장료는 3곳 모두 보는데 150위안이다.

제2부 중국 오악 기행

❶ 곡부에 있는 공자묘　　❷ 맹자 영정　　❸ 맹자 묘

　　당나라 때 사찰인 영암사는 태산에서 버스로 40분 거리에 있다.
1,600여년의 역사를 가지고 있으며, 한국 불교와 비슷하다. 가장 눈여겨
볼만한 곳은 천불전의 채색나한 조각상이다. 400 나한상이 마치 살아
있는 듯한 생생한 모습으로 앉아 있다. 마치 서로, 또는 관광객과 대화하
는 듯하다. 입장료는 60위안이다.
　　지하 2m에서 분출되는 샘물이 일품인 포돌천이 있다. 태산에서 버스

로 1시간 거리다. 역대 황제들이 이 샘물을 남방 순시 때 식수로 보급했을 정도로 유명하다. 청조의 강희제 등이 방문 흔적이 남아 있다. 입장료 45위안.

군이 설명하지 않아도 상식적으로 이름만 대면 아는 양산박이 있다. 수호지의 실제 무대다. 원형 그대로 보존돼 있다. 태산에서 1시간 40분 거리다. 입장료 80위안.

서악

화산

3장

●

서악 화산

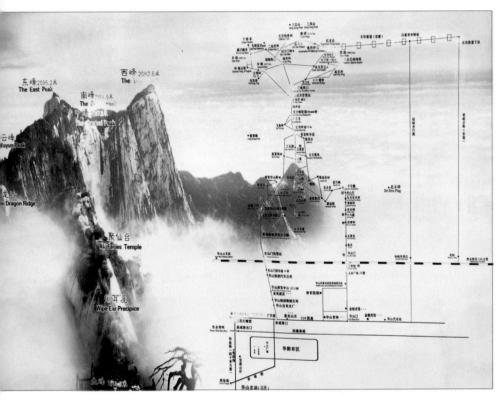

서악 화산 전도

●

서악의 배경과 구성요소

중화 지명이 화산에서 유래… 고대 중국역사 주무대

화산華山은 고대 중국 역사의 주무대이다. 왜냐하면 고대 중국의 수도이자 실크로드 출발지인 서안과 낙양이 바로 인근에 있기 때문이다. 또한 황하강과 양쯔강이 위 아래로 흐르기 때문에 문명발상지의 중심에 있었다 해도 과언이 아니다. 화산이 바로 중화민족의 발상지인 것이다. 청대 유명한 학자 장태염章太炎은 중국민족을 뜻하는 중화와 화하華夏는 모두 화산으로 인해 생긴 이름이라고까지 주장했다. 고대에는 '華'가 '花'와 통용되었으며, 정상 봉우리가 연꽃과 같아서 '華山'이 됐다고도 전한다. 또한 해발 2,154.9m로 오악 중에 가장 높다. 그 높이와 기이한 암벽 바위로 인해 '기험천하제일산奇險天下第一山'이라 불렀다. 우리가 흔히 달력이나 사진에서 보는 아슬아슬하고 기이한 암벽 위를 걷는 등산객이 나오는 바로 그 장면이 화산 정상 주변 암벽로라고 보면 별로 틀리지 않는다. 화산 정상 암벽 등산로를 실제 걸을 때 옆으로는 천길만길 낭떠러지다. 오금이 저리고 아찔하다.

서악의 신은 오방의 백제白帝이다. 서쪽과 가을을 전담하는 신으로

화산 서봉 정상 화산 남봉 가는 길에 뒤돌아본 서봉은 웅장한 산세와 함께 절묘한 등산로에 절묘한 건물이 아슬아슬하게 건립돼 있다.

널리 알려져 있다. 화산에 가면 실제 흰색이 눈에 많이 띈다. 우리가 흔히 알고 있는 우백호는 서쪽을 상징하는 흰색과 서쪽의 상징동물이 호랑이이기 때문에 혼합된 개념이다. 양이 쇠하고 음이 거하는 시기와 연결된다. 따라서 계절은 가을을 가리킨다. 상징색은 우백호에서 알 수 있듯 흰색이다. 흰색의 상형문자가 지는 해의 빛깔이 흰 데서 따왔기 때문에 서쪽이 흰색을 상징하는 것이다. 이렇게 다 이유가 있고, 오행과 연결된 내용이 한두 개가 아니다. 그래서 모두를 한꺼번에 파악하기가 쉽지 않은 것이다.

정상 서봉에는 부벽석斧劈石이 유명하다. 십여 장 넓이의 거대한 돌덩어리가 세 가닥으로 나뉘어져 있으며, 거석 주변에는 칠 척 높이의 300여 근 가는 월아철부月牙鐵斧가 꽂혀 있다. '침향이 산을 쪼개어 어머니를 구한 곳沈香劈山救母'이라고 전한다. 실제 장문의 안내판에도 자세한 내용

화산 서봉 부벽석 앞에서 한 방문객이 칼을 들고 자신이 바위를 자른 양 기념사진을 찍고 있다.

으로 소개하고 있다. 화산의 전설은 우리 산에서 흔히 볼 수 있는 내용과 별로 다르지 않다. 우리식으로 하면 망부석과 같은 구모석인 셈이다.

중봉 그 높고 험한 암벽 사이에 옥녀사玉女祠란 우리의 절 같은 사당이 있다. 안내판에 자세히 소개된 내용은 '춘추시대 진목공녀秦穆公女 농옥이 수련을 하던 장소'라고 안내한다. 그래서 여기를 지나는 봉우리가 옥녀봉이다. 그녀의 남편은 소사인데 중봉의 많은 곳이 소사와 농옥의 전설과 관련돼 있다. 다른 전설로는 당시 진목공이 딸을 찾아 화산으로 왔지만 찾지 못하고 할 수 없이 눌러 앉아 지은 사당이 옥녀사라고 전한다.

산의 혈법, 즉 오성으로 보면 서악 화산은 금체金體의 산이다. 금체는 원래 부드럽게 원형의 형체를 한 모습이지만 정상 암벽 봉우리들은 마치 불을 뿜는 듯 뾰쪽하다. 하지만 금체의 산이라 명명했을 때 멀리서 전체 모양이 부드러운 원형을 했을 수 있다. 산의 혈법은 특정 한 봉우리만을 보고 평가하는 것이 아니라 전체 산의 형상을 나타내기 때문이다. 실제

제2부 중국 오악 기행

정상 암벽 능선을 걸으면 아찔한 느낌과는 별도로 부드러운 능선을 걷는 느낌을 받을 수 있다. 정말 신기한 느낌이 아닐 수 없다.

이러한 형상은 삼교의 수련과 밀접한 관련을 가진다. 화산은 도교 전진파의 발원지로 전한다. 진단노조陳搏老祖가 지은 〈역용도易龍圖〉 〈선천도先天圖〉 〈무극도無極圖〉 등 역도易圖시리즈가 중국 역경문화와 관련하여 태극사상에 새로운 장을 열었다고 평가한다. 다시 말해 화산이 중국 태극사상의 본산이라는 의미이다. 태극은 부드러운 듯 강한 이미지와 연결되기 때문에 금체의 산인 것이다. 이렇게 오악은 각각의 산이 톱니바퀴 같이 맞물리는 사상으로 연결돼 있다.

02

•

서악 화산 기행

가장 험한 천하제일 명산… 도교 제1 성지이자 발상지

화산 서봉　화산 서봉 가는 등산로가
칼날 같은 바위 능선 위로 아슬아슬하게 연결돼 있다.

'기험천하제일산奇險天下第一山'. 서악에 들어서는 순간 가장 먼저 눈에 들어오는 문구다. 중국 오악 중에서 가장 기이하고 험하며 천하제일의 명산이라는 의미다. 중국 속담에 '서악화산지험西岳华山之險'도 있다. 비슷한 뜻이다. 청나라 위원魏源은 '화산여립华山如立'이라 했다. 마치 서 있는 듯하다는 말이다. 화산이 섰다는 의미는 기암절벽으로 가득하다는 의미를 에둘러 표현한 것이다.

화산의 '華'는 꽃을 상징한다. 실제로 꽃이 많아서 '화'를 표현한 것이 아니라 우뚝 솟은 바위들이 마치 꽃과 같아서 나타냈다. 예로부터 화산의 주요 다섯 개 봉우리가 연꽃과 같아 꽃 화를 사용하게 됐다고 한다. 이와 같이 험한 바위봉들이 꽃의 형상을 이루고 있는 것이 화산의 가장

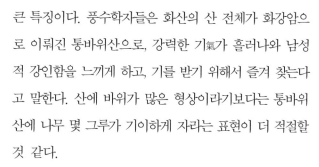

큰 특징이다. 풍수학자들은 화산의 산 전체가 화강암으로 이뤄진 통바위산으로, 강력한 기氣가 흘러나와 남성적 강인함을 느끼게 하고, 기를 받기 위해서 즐겨 찾는다고 말한다. 산에 바위가 많은 형상이라기보다는 통바위산에 나무 몇 그루가 기이하게 자라는 표현이 더 적절할 것 같다.

중국 역사에서 화산을 중심으로 주변 300리가 삼황오제三皇五帝의 거주지였다. 삼황오제는 중국 고대의 전설적 제왕을 말하며, 이들로부터 중국역사가 시작됐다고 전한다. 3황은 복희씨, 신농씨, 여와씨를 말하며, 천황·지황·인황으로 기록하기도 한다. 삼황 가운데 여와씨는 여신이다. 복희씨는 사람들에게 물고기 잡는 법을 전수했으며, 신농씨는 농사법을, 여와씨는 인간을 창조했다고 한다. 5제는 황제 헌원, 전욱 고양, 제곡 고신, 제요 방훈, 제순 중화를 말한다. 중국을 통일한 시황제

의 황제도 삼황오제에서 따온 것이다. 삼황오제가 모두 화산에 있었기 때문에 화산이 중화민족의 뿌리라는 말이 그래서 탄생했다고 전한다.

오악은 고대 중국의 영토범위를 나타내지만 반드시 국경만 제한하는 것으로 국한되지 않는다. 중국 선사 문명과 영토를 상정할 때 오악과 마찬가지로 주요 고려대상이 된 건 중원을 가로지르는 4갈래 강이었다. 바로 황허黃河, 창장長江(양자강의 다른 이름)이라 하며, 화이허(흑룡강 또는 헤이룽강, 러시아에서는 아무르강), 치수이(기수)이다. 이를 사독四瀆이라 한다. 오악사독은 중국의 고대 산천강하를 대표하는 개념이다. 오악사독 가운데 화산이 고대 문명 발상지 황허강과 제일 가깝다. 뿐만 아니라 뤄허강(황허강의 지류인 洛河), 웨이허강(황허강의 지류인 渭河), 황허강과 합류한다. 악과 독이 서로 마주하고 있는 것이 화산의 큰 특징이기도 하다. 마치 한반도의 한양이 조선의 도읍으로 정할 때 풍수적으로 산의 남쪽, 강의 북쪽이 양陽을 상징하는 이유와 비슷한 입지적 조건이다.

중화라는 말도 화산에서 나왔다. 삼국지 위나라의 조조는 "중원을 지배하는 자, 천하를 얻는다得中原者得天下"고 했다. 그 중원의 '중中'과 화산의 '화華'가 합쳐져 지금의 '중화中華'가 된 것이다. 고대국가에서 화산은 그만큼 중요한 위치에 있었다.

중원 천하를 통일한 황제는 반드시 화산에 오르거나 화산을 향해 제사를 지냈다. 고대 역사에서 56명의 황제가 화산을 순수巡狩하고 제사를 지냈다고 한다. 하지만 정상에 오른 황제는 한 명도 없었다. 화강암 덩어리의 통바위로 된 화산을 오른다는 건 당시로서는 상상조차 할 수 없었다.

　　　　　　　　　　　　　　　　　제2부 중국 오악 기행

화산 장공잔도　남봉 가는 길 옆에 있는 장공잔도는 천길 낭떠러지 절벽을 깎아서 좁은 길을 만들어 겨우 한두 사람이 다닐 수 있게 만들었다.

칼날 같은 암벽 능선 위로 등산로 조성

화산을 오르다보면 양쪽으로 천길, 아니 만길 낭떠러지인 아슬아슬
한 바위 능선 위에 등산로가 있다. 쳐다보고 있으면 신기할 뿐이다. 누가
그 길을 조성했으며, 누가 그 길로 갔을까. 쳐다만 봐도 현기증이 날
정도인데…. 화산과 관련해서 예로부터 전하는 말이 있다. '화산에는
오로지 한 길만 있다'고. 그 한 길도 절벽의 틈새나 능선 위 불과 1m도
채 안 되는 좁은 길로 조성돼 있다. 양쪽은 그냥 낭떠러지다. 그 길을
건너는 사람은 거의 곡예사수준인 셈이다.

왜 그런 길이 조성됐는지, 산 위에 올라가서야 어느 정도 이해가
됐다. 이는 도교와 관련 있는 듯했다. 남봉 입구에 남천문南天門이 있다.
남천문 앞에 방이 하나 있는데, 총천일문總天一門이라 부른다. 동서남북

화산 북봉 화산에서 가장 볼거리가 많다는 북봉은 아슬아슬한 길의 연속이지만
케이블카가 있어 항상 많은 사람들로 붐빈다.

4곳의 하늘이라는 뜻으로, 한데 합쳐 총천일문이다. 이 문이 바로 천계天界의 경계다. 도교 전문용어로 하늘과 인간세상의 분계선이라는 뜻이다. 이 텐제를 지나면 바로 천상의 세계로 연결된다. 중악을 소개할 때 항상 언급되는 말이 '천지지중天地之中'이다. 하늘과 땅의 중심이자 중원이고 대륙의 중앙이라는 말이다. 반면 서악은 하늘로 통하는 문이 있는 산이다. 도교의 성지가 아닐 수 없는 이유다.

중국인들이 가장 좋아하는 색이 빨간색이다. 이도 화산에서 나왔다. 화산 가는 길에 '자기동래紫氣東來'라는 문구가 자주 눈에 띈다. '자줏빛 상서로운 기운이 동쪽에서 온다'는 의미다. 이 말의 유래는 중국 고대 주나라 관리(함곡관) 윤희에서 비롯된다. 그는 천문역법에 매우 밝았다. 어느 날 그가 누각에 올라 먼 곳을 바라보니 동쪽에서 안개 같은 상서로운 기운이 감돌더니 서서히 서쪽으로 왔다. 그 모습이 마치 하늘을 나는 용과 같았다. 그는 동쪽에서 훌륭한 성인이 이쪽으로 올 것이라고 직감했다. 목욕재계하고 맞을 채비를 했다. 몇 달 뒤 과연 노자가 동쪽에서 푸른 소를 타고 왔다. 윤희가 마중 나가서 맞아 그의 가르침을 받들었다고 전한다. 옛날 천문 풍수학자들은 하늘의 구름이 움직이는 모습을 보고 길흉의 징조를 예견했고, 후대 사람들은 이를 두고 '자기동래'라는 말로 상서로움을 나타냈다. 나아가 자주색이 상스러운 기운을 준다고 해서 중국 사람들이 가장 좋아하는 색깔로 굳어졌다고 전한다. 지금도 중국에서는 어느 곳을 가던지 자줏빛을 쉽게 볼 수 있다. 이는 중국인 나름대로 복福을 부르는 한 형태로 고착됐다.

중원의 역사를 대표하는 화산이 언제 서악으로 정착됐는가는 화산을 살펴보는 중요한 포인트가 된다. 오악의 지정배경과 시기에 대해 앞에서 이미 살펴보았 듯이 '중국 유교 경전 『이아爾雅』에 전국시대(B.C 4~3세기) 오행사상의 영향으로 오악의 개념이 생겼다고 기록하고 있다'고 밝힌

바 있다. 국가 봉선제는 진 시황 혹은 한漢 무제 들어서 공식적으로 시작했고, 한 선제가 확정됐다고 했다.

여기서 잠시 중국 역사를 살펴볼 필요가 있다. 한나라는 전한前漢과 후한後漢으로 나뉜다. 전한은 수도가 장안長安이었고, 후한은 낙양洛陽이다. 전한은 B.C 202~AD 9년까지이고, 후한은 25~220년까지 이어진다. 각각 15황제와 14황제가 중원을 통치했다. 여기서 중요한 것은 한 선제는 전한시대 황제였고, 전한의 수도는 장안長安이라는 사실이다. 장안은 지금의 서안이고, 낙양으로 천도했을 때 서쪽을 견고히 지키라는 의미로 서안西安으로 바꼈다. 문제는 화산이 서안의 동쪽, 낙양의 서쪽에 있다는 사실이다. 즉 화산이 서안과 낙양의 중앙에 있다.

서악 화산은 기본적으로 중심 도시의 서쪽에 있어야 한다. 오악을 정할 때 지리적 위치뿐만 아니라 수도와의 방위관계도 대단히 중요하게 작용했다. 서안이 도읍일 때 오악을 정했다면 화산은 서안의 동쪽에 있는, 뿐만 아니라 오악이 모두 동쪽에 있게 되는 이상한 상황이 발생한다. 과연 서안이 도읍지로 있을 때 화산을 서악으로 지정했을까 하는 핵심적인 의문점이 남는다. 따라서 후한 시절 서기 100년 전후쯤 어느 황제가 지정했던지, 아니면 전한 시절 한 선제가 오행사상과 더불어 오악을 지정했을 당시 서안 못지않게 낙양이 도읍지로서 기능을 하고 있지 않았을까 하는 가능성을 조심스럽게 제기해본다.

도교 동굴 72개와 도관 20여 곳 화산에 있어

마지막 관전 포인트는 도교의 승지勝地로서 화산을 볼 필요가 있다. 화산으로 올라가는 길에 동굴 72개와 교회와 사찰 같은 도교사원인 도관이 20여개 있다고 한다. 실제 군데군데 동굴이 있지만 정확히 몇 개

제2부 중국 오악 기행

인지는 알 수가 없다. 72란 숫자는 도교의 상징적 숫자일 수 있다. 특히 옥천원, 동도원, 진악궁 등은 도교의 중심 활동장소였다. 그래서 도교 발상지라 불린다. 지금까지 전해오는 화산과 관련된 도교의 신화와 전설만 해도 200여 편 이상 된다고 한다. 그 중에 전설 한 토막을 소개하면 다음과 같다.

'거령이라는 초능력자가 그의 능력을 과시하가 위해 황하 가운데를 가로막고 있던 화산을 손발로 뒤흔들어 두 동강을 내버렸다. 화산이 갈라지며 그 사이로 황하가 흐르게 됐다고 한다.'

믿거나말거나 같은 전설이지만 이와 관련된 내용은 많다. 그중 거령 벽산巨靈劈山(거대한 산신령이 산을 쪼개다), 벽산구모劈山救母(산을 갈라 어머니를 구하다), 취소

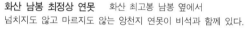

화산 남봉 최정상 연못　화산 최고봉 남봉 옆에서 넘치지도 않고 마르지도 않는 앙천지 연못이 비석과 함께 있다.

인봉吹簫引鳳(통소를 불러 봉황을 불러오다) 등은 이와 관련된 전설을 담은 비슷한 장면을 화산에서 엿볼 수 있다. 바위에 글씨를 새긴 석각도 1천여 개 달한다고 한다.

이 외에도 사람이 올라갈 수 없는 악산인 만큼 시공간을 초월하여 날아다니는 무협소설의 주 무대로 알려져 있으며, 실제 무협소설 '영웅문'의 주 무대가 바로 화산이기도 하다.

주요 관전 포인트와 함께 서악 화산과 관련된 문학작품도 한 번 살펴보자. 화산을 이해하는 데 매우 중요한 내용들이 담겨 있다. 대표적인 작품으로 당나라 장열張說(667~730)이 쓴 「서악태화산비명西嶽太華山碑銘」을 꼽을 수 있다.

'하늘에 사서四序가 있으니 성신星辰이 그것을 구분 짓고, 땅에 오악에 있으니 산악이 그 일대를 진압하고 있다. 음양이 서로 교차함에 만물이 형성되고 정기가 서로 빛을 발함에 신명이 드러난다. 서악 태화산은 소음少陰이 일을 맡아보는 때라 만물에 꽃이 피므로 화산이라 한다. 중원의 서쪽 귀퉁이에 거하며 칠궁七宮의 정위를 차지하고 있어 서악이라고도 한다. 지도를 펼쳐놓고 살펴보니 깎은 듯 사면으로 되어 있다는 말이 참으로 그러하다. 표를 세워 셈해보니 그 높이가 오천 길이라는 말이 참으로 분명하다. 절벽은 가파르면서도 웅장하고 뭇 산들은 치달아 붙어 있다. 기운은 엄숙하고 기세는 위엄 있으며, 오행으로는 금에 해당하고 별자리로는 유酉에 해당한다. (중략) 헌원軒轅이 여기서 노닐면 뭇 신들과 모임을 가지시었고, 우순虞舜 또한 여기서 즐기며 뭇 제후들을 회견하셨다. 하나라 이후 수나라에 이르기까지, 다섯 왕조가 바뀌고 삼천 년의 역사가 흘렀으나, 옛 법식 그대로 이어받으며 제사를 올렸으니, 제단이며 사당이며 어느 시대인들 수리하지 않았으리요? 한 번 축도하고 세 번 제사 올리는 일은 한 해도 빼먹은 적이 없다. 이는 만물을 생장시켜주심에 보답하고 신령을 섬기는 일을 게을리 하지 않기 위함이었다. 그러한 까닭에 좋은 일만 있게 해주시고 사특한 재앙을 없애주심에 조금의 실수도 있지 않았다. 하늘이 보우하사 우리 열조를 빛내주시어, 만방을 거느린 지 육대에 이르렀다. 천지와 산천에 제를 올리니 정기가 모두 모여들었다.' — 이주해 〈오악과 중국 고대산문〉 재인용

여기서 언급된 '소음이 일을 맡아보는 때'라는 시기는 가을을 뜻한다. 중국 전한의 유학자 동중서董仲舒(B.C 170~B.C 120)가 남긴 '봄에는 소양이 일을 맡아보아 양기가 들어오고 음기가 물러난다. 여름에는 태양이 일을 맡아보아 양기가 매우 성하고 음기는 극히 약하다. 가을은 소음이 일을 맡아보는 때라 음기가 들어오고 양기가 물러난다. 겨울은 태음이 일을 맡아보는 때라 음기가 크게 성하고 양기가 극히 약하다'는 기록에 따른 것이다. 음양오행의 순환논리에 따라 서악 화산은 오방은 서쪽, 계절은 가을을 상징하는 소음에 해당하는 내용뿐만 아니라 화산의 형세, 관련 전설, 봉선 등에 대해서 빠짐없이 언급하고 있다. 따라서 오악으로서 서악 화산은 단순한 하나의 산이 아니라 중국인들의 정신문화에 끼친 사상의 단면을 고스란히 담고 있는 것이다.

시불詩佛이라 불리기도 한 당대 시인 왕유王維(699~759)의 '화악'에서도 전형적인 오악 사유를 볼 수 있다.

구름 위로 서악이 솟아 있고, 태청봉엔 눈이 쌓여 있네.

西嶽出浮雲, 積雪在太清.

검푸른빛 하늘 이어져, 아득히 백리는 되겠네.

連天凝黛色, 百里遙靑冥.

밝은 날은 싸늘하고 숲은 깊어 화음성 이루었네.

白日爲之寒, 森沈華陰城.

하늘과 땅이 닫히고 조물주가 거령을 낳았다네.

昔聞乾坤閉, 造化生巨靈.

오른 발로 밟고 서서 왼 손으로 깎아 만드니

右足踏方止, 左手推削成.

천지가 홀연 열리고 황하가 동해로 흘러갔네.

天地忽開拆, 大河注東溟.

드디어 서악이 생겨 웅혼하게 진의 도읍에 자리했네.

遂爲西峙嶽, 雄雄鎭秦京.

큰 임금의 은덕이 뭇 사람들에게 미치네.

大君包覆載, 至德被群生.

하나님께서 제사를 받으시고 하늘이 맞으려 하시네.

上帝佇昭告, 金天思奉迎.

사람과 신이 오래 기다렸는데 어찌 오직 운정만 섬길까.

人祇望幸久, 何獨神云亭.

시든 산문이든 단순한 화산의 경관 묘사에 그치지 않고 황제의 큰 은덕을 칭송하는 데 초점이 맞춰진 듯하다. 왕권과 신권이 분리되기 시작한 시절에도 개인적 사유보다 정치적 신권적 사유가 지배적인 분위기라는 사실을 알 수 있다.

당대 최고의 시인이었다는 이백의 시 '서악운대가송단구자西嶽雲臺歌送丹丘子' 한편을 더 살펴보자.

서악의 험준함이 얼마나 장엄한지	西嶽峥嵘何壯哉
실 같은 황하가 하늘에서 내려오네	黃河如絲天際來
만리 길 흐르는 황하는 산에 부딪혀 뒤흔들고	黃河萬里觸山動
바퀴소리 내며 맴도는 소용돌이에 秦땅이 진동하네	盤渦轂轉秦地雷
영광스런 기운이 서려 오색찬란하니	榮光休氣紛五彩
천년에 한 번 맑아 성인을 내네	千年一淸聖人在
거령이 포효하며 산을 둘로 쪼개니	巨靈咆哮擘兩山
파도가 내뿜어져 화살처럼 동해로 흐르네	洪波噴箭射東海
세 봉우리는 우뚝 서 가파르고	三峰却立如欲摧
푸른 벽과 붉은 계곡에 손 자욱이 얼려 있네	翠崖丹谷高掌開
백제는 금정원기를 이용해서	白帝金精運元氣
돌로 연꽃 모양의 대를 만들었네	石作蓮花雲作臺
운대각은 저승이라 하고	雲臺閣道連窈冥
가운데 죽지 않은 단구생이 있네	中有不死丹丘生
명성 옥녀는 청소할 준비하고	明星玉女備灑掃
마고선녀는 손톱으로 등을 긁네	麻姑搔背爪輕
나는 천지문을 잡고 있고	我皇手把天地戶
단구는 하늘의 말로 하늘과 이야기하네	丹丘談天與天語
하늘에 드나들며 찬란한 빛이 나고	九重出入生光輝
동쪽에서 봉래산이 오고 다시 서쪽으로 돌아가네	東來蓬萊復西歸
옥장상혜를 옛 사람들이 마시고	玉漿儻惠故人飮
이모룡을 타고 하늘로 날아 올라갔네	騎二茅龍上天飛

여기 나오는 운대는 화산의 북봉으로 고대 진나라 땅에 있어 진지라

고 불렀다. 서봉은 해발 2,082.6m로 생긴 형세가 마치 연꽃 같아 연화봉 또는 부용봉이라고도 했다. 서악 화산의 정상에 올라 그 경치에 감탄해서 읊은 시이다.

고대로부터 중국인들은 오악의 특징을 문학적 비유로 '항산여행恒山如行', '태산여좌泰山如坐', '화산이립華山而立', '형산여비衡山如飛', '숭산여와嵩山如臥'로 표현했다. 항산은 움직이는 것 같고, 태산은 앉아 있는 것 같고, 화산은 서 있고, 형산은 날아갈 듯하고, 숭산은 누워 있는 것 같다는 말이다.

'화산이 서 있다'는 표현은 봉우리들이 기암절벽들로 이뤄져 매우 험한 형세다. 그래서 우뚝 솟은 다섯 봉우리가 연꽃 같은 모양새라 해서 연화봉 혹은 부용봉이라 했던 것이다.

그 험한 화산을 이제 한 번 올라가보자. 걸어서 올라갈 수는 없다. 1m도 채 안 되는 칼날능선 위로 난 수km의 길을 가야하는 곡예사 수준의 담력이 없을 뿐만 아니라 시간도 엄청나게 걸리기 때문이다. 현지 가이드는 실제로 신년 일출을 보기 위해 밑에서부터 걸어서 동봉 조양대까지 올라갔다고 한다. 14시간 걸렸다고 한다. 올라갈 수 있기는 한가보다. 그가 덧붙인 말이 지금도 기억에 남는다. "다시는 걸어서 올라가지 않을 것이다."

서봉 연화봉蓮花峰까지 가는 케이블카를 타고 남봉 낙안봉落雁峰에서 둘러본 뒤, 동봉(朝陽峰 혹은 朝陽臺)~중봉 옥녀봉玉女峰~북봉 운대봉雲臺峰을 두루 거쳐 북봉 케이블카를 타고 하산하기로 방향을 정했다. 이 다섯 개 봉우리가 연꽃 모양으로 생겨 화산이란 이름이 유래했다. 그 중 가장 심하게 깎아지르고 연꽃의 바깥부분을 감싸고 있는 서봉을 연화봉이라 한다. 서봉 정상 앞에 있는 바위가 연꽃을 닮아 연화봉이라 했다고도 한다. 정상에서 다섯 봉우리를 트레킹 하는 시간만 해도 약 4시간 걸린다.

바위 뚫은 케이블카 화산 통바위 화강암을 뚫고 케이블카를 연결시켜 운행한다.

화산 남봉 연꽃   화산 통바위 봉우리들이 둘러싸고 있는 모양이 마치 연꽃 같다.

서봉 케이블카를 타기 위해서 화산으로 출발이다. 화려하고 중후한 중원 역사를 볼 수 있을 것 같아 설렌다. 방문객을 맞이하는 화산 입구의 문 위에 '천위지척天威咫尺'이 보인다. 하늘의 위엄이 눈앞에 있다는 의미쯤 되겠다. 바로 그 위에는 '칙건勅建'이라 적혀 있다. 황제의 명으로 건립했다고 강조한다. 걸 수 있는 곳마다 자줏빛 리본이 묶여 있다. 문이나 줄이나 할 것 없이 온통 자줏빛이다.

케이블카 입구에 도착했다. 케이블카 총 길이는 4,211m, 높이차는 894m, 받침대는 28개, 총 케이블카 84개, 케이블카 1개당 8명 탑승 등 1시간 당 총 1,500명 수송가능하다고 안내하고 있다. 중국 당국에서 무려 5억 위안(한화 약 900억 원)을 투자해서 건립했다. 프랑스 푸마사에서 도입한 기기와 설계는 세계 최고 수준이라고 강조한다.

케이블카를 타고 공중에서 바라본 화산은 우뚝 솟은 화강암 통바위들이 정말 하늘을 찌를 듯 형세를 뽐낸다. 하늘을 찌를 듯한 형세는 북한산 인수봉도 상대가 안 될 듯하다. 인수봉 같은 바위들이 한두 개가 아닌 첩첩봉봉으로 에워싸고 있다. 거령이라는 신이 화산을 잘라 황하를 흐르게 했다는 말이 실감난다.

화산의 수십 개 봉우리는 모두 '하나의 바위', 즉 통바위로 이뤄졌다. 지금으로부터 약 1억2천만 년 전에 화산지역에 암장이 침투했다. 지각 깊은 곳의 암장이 상승하면서 거대한 화강암체가 형성됐다. 약 2천만 년 전에는 이 거대한 암석이 강렬한 지질 작용으로 지표 위로 그대로 노출했다. 화강암이 형성되고 융기되면서 3개의 절리 현상이 발생했다. 두 개는 수직절리, 하나는 수평절리로 이뤄졌다. 빠르게 융기되면서 3개의 절리는 칼처럼 두부 모양으로 잘라냈다. 그리고 화산火山이 상승하는 속도가 매우 빨랐기 때문에 중력은 마치 예리한 도끼로 잘린 듯 네모난 화산 지형을 갖게 됐다고 한다. 현지 전문가들의 설명이다. 어쨌든 이 거대한 화산의 첩첩봉봉이 하나의 바위로 이뤄졌다고 하니 믿기지 않는다.

상부 지점에 도착한 케이블카는 거대한 통바위 안으로 들어간다. 케이블카 안에서 이 모습을 바라보다 놀래서 열린 입이 닫히지 않는다. 거대한 통바위 벽면을 뚫어 케이블카 상부 도착지점으로 연결시켰다. 중국에서 놀라는 일이 많지만 이 장면도 정말 놀라지 않을 수 없다. 10년 가까이 공사하면서 많은 인부들이 사고를 당했다고 한다. 화산의 우뚝 솟은 봉우리들도 아찔하지만 그 봉우리 옆에 동굴을 내서 케이블카를 만든 그 작업은 더 아찔하게 느껴진다. 정말 거대 작업이다.

케이블카를 타고 올라갈 때 보이는 우뚝 솟은 통바위 봉우리마다 간혹 동굴이 하나씩 보인다. 도교의 72개 동굴이 있다고 하더니 그 동굴

같다. 도저히 사람이 올라갈 수 없을 듯하다. 그런데 사람 사는 흔적이 보인다. 칼날 같은 능선 위로 난 등산로도 희미하게 보인다. 저 길로 어떻게 사람이 지나간다 말인지···. 너무 신기해서 기가 막힐 지경이다. 보기만 해도 오금이 저린다. 도교의 도인들은 아슬아슬한 암벽에서 몸을 다스려야 한다고 하지만 아무래도 저런 곳에서 수련해야 몸을 제대로 다스릴 수 있는 건지 정말 궁금하다. 이런 장면에서 '의천도룡기' 같은 무협영화의 한 장면이 떠오르는 건 어쩌면 당연한 듯하다.

이윽고 서봉 아래에서 내려, 서봉 정상을 향해서 올라간다. 바위를 깎아 계단으로 길을 만들었다. 철 난간을 만들어 위험을 방지하고 있다. 철 난간에는 자줏빛 리본이 수없이 걸려 있다. 철 난간 밖으로는 까마득히 끝이 안 보인다. 발걸음을 조심스럽게 옮긴다. 철 난간을 어찌나 세게 잡았던지 내려서 보니 손바닥에 손톱자국이 남아 있다.

화산 서봉 천하장관

화산 전체가 하나의 통바위로 이뤄져

   암벽 석각들이 서서히 하나씩 나온다. '인간천상人間天上' '연화동蓮華洞' '화정청송華頂靑松' '연화세계蓮華世界' 등 많은 글씨들이 새겨져 있다. 와신상담臥薪嘗膽' 글자도 보인다. 누군가 패전의 아픔을 이곳에서 삼켰단 말인가. 뼈를 깎는 수련이 뒤따른 듯 암시를 남긴다.

   취운궁을 지나고 '부벽석斧劈石'이 있다. 마치 도끼를 두 동강 낸 듯한 바위다. 많은 사람들이 도끼나 칼을 들고 자기가 바위를 두 동강 낸 듯 기념사진을 찍는다. 부벽석 옆에 전설 속의 '벽산구모'도 새겨져 있다.

   이윽고 서봉 정상 연화봉(2,086.6m)이다. 많은 사람들이 정상 비석을 에워싸고 있어 발 디딜 틈이 없다. 여기도 자줏빛 리본과 열쇠가 부지기수로 널려 있다. 석각도 예외 아니다. 발에 밟히는 게 석각이다. '천하장

화산 마애석각

관天下壯觀'이란 글씨가 유달리 눈에 들어온다. 희뿌연 구름 때문에 시계는 썩 좋지 않지만 확 트인 사방에 솟은 봉우리들이 눈앞에 펼쳐진다. 글자 그대로 장관이다. 도저히 올라갈 수 없을 듯한 봉우리 위에 정자 한 채 우뚝 솟아 있다. 놀랍고 신기할 뿐이다.

고사목 같은 노거수가 바위를 뚫고 올라와 수백 년 세월의 풍상을 고스란히 전달한다. 흰 가지에도 자줏빛 리본은 어김없이 걸려 있다. 자줏빛 리본 거는 것이 중국인들에게는 마치 신앙과도 같아 보인다.

서봉에서 남봉으로 가는 길에 힐끗 서봉을 뒤돌아봤다. 정말 절묘한 등산로에, 절묘하게 자리 잡은 도관 위치에 감탄이 절로 나온다. 화산 가는 길은 조금 가파르다. 가는 중간 절벽에 장공전도長空栈道가 있다. 절벽 옆에 난간을 만들어 사람이 다니게 만든 아찔한 길이다. 길 위로는 수직 직벽 암벽이고, 아래로는 천길 만길 낭떠러지이다. 보기만 해도 오금이 저린 데 그런 길로 가야 한다. 외길이기 때문이다. 딱 한 사람

화산 다섯 봉우리 명칭들

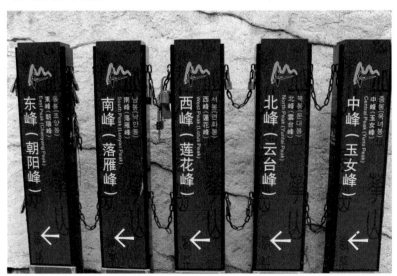

제2부 중국 오악 기행

서기도 좁은데 오고가는 사람이 옆으로 비켜서 지나친다. 정신이 혼미할 정도로 아찔하다. 화산에 이런 잔도가 몇 군데 있다.

서봉 가는 길은 조금 가파르지만 의외로 소나무와 잣나무 등 나무들이 많다. 남봉에도 예외 없이 많은 사람들이 밀집해 있다. 더욱이 남봉은 화산 최정상이다. 정상 비석에는 2,154.9m를 표시한다. 오악에서 가장 높은 봉우리다. '화산극정'이라고도 하며, 기러기들이 남방으로 날아가면서 자주 쉬어간다고 해서 일명 낙안봉落雁峰이라고도 한다. 중국의 한 시인은 이곳에서 "하늘만 위에 있고 높이를 겨룰 수 있는 산이 없으며, 고개를 들면 태양이 가까이 있고, 고개를 숙이면 구름이 아래에 있다"고 노래했다.

비석 바로 옆에 부산 금정산의 금샘 같은 바위 속 연못이 있다. 앙천지仰天池라고 한다. 음양조화를 이루기 위해 하늘에서 조성한 연못이라 전한다. 화산에는 특히 정상 바위 위에 연못이 실제로 많다. 앙천지는

화산 동천복지　도교 제1성지를 가리키는 듯 화산 곳곳에 동천복지란 석각이 있다.

위로는 천택天澤을 이어가고, 아래로는 지맥을 받들며, 가뭄에도 마르지 않고 홍수에도 넘치지 않는다고 한다. 앙천지 주변에는 '태화봉두' '목욕일월' '등봉조극' '수불천성' 등 마애석각들이 가득하다. 정상 기념사진 찍으려고 대기하는 사람들이 많아 사진 한 장 찍기에도 한참 걸린다.

동봉 가는 길 중간쯤 남천문이 나온다. 천상의 세계로 연결된다는 바로 그 문이다. 그런데 지금은 역으로 하늘에서 내려오는 길이다. 천계에서 속계로 환속하고 있는 느낌이다.

지나가는 길 다른 봉우리에 도저히 인간이 갈 수 없을 것 같은 꼭대기에 하기정下棋亭이란 정자가 벼랑 끝 봉우리에 아슬아슬하게 걸려 있다. 도대체 어떻게 저런 곳에 정자를 지었으며, 바둑을 둘 수 있단 말인가. 정말 혀를 내두를 지경이다. 하기정 가는 길은 화산에서 가장 험한 길이다. 올라가려면 마치 암벽을 타듯 손으로는 쇠밧줄을 잡고 발로는 밟을

동봉과 중봉 중간 쯤 있는 인봉정은 통소로 봉황을 불러 같이 놀았다는 전설이 있는 정자다.

조그만 틈새라도 찾아야 한다. 언감생심 포기다. 마치 신선이 사는 정자 같다. 아니, 정말 선계 같다. 멀찌감치서 감탄만 하다 바라만 보고 지나친다.

동봉 조망대. 화산에서 두 번째로 높은 봉우리로, 2,096.2m다. 널찍하니 일출을 보기에 안성맞춤이다. 신비로운 운해도 감상할 수 있다.

동봉에서 얼마 떨어져 있지 않은 곳에 중봉이 있다. 그 중간쯤 '운제雲梯'가 있다. 일명 구름사다리쯤 된다. 거의 수직으로 된 계단이다. 지금은 우회로 계단이 있지만 옛날엔 운제로 다녔다고 한다.

중봉 가기 전 중간쯤 인봉정引鳳亭이 있다. 봉황을 불러들였다는 운치 있는 정자다. 발걸음을 그대로 옮겨 옥녀사를 지나 곧바로 중봉 옥녀봉에 이른다. 전설에 따르면 춘추시기에 진목공 딸 농옥과 정랑 소사가 이곳에 살았다고 한다. 어느 날 퉁소를 불었는데, 그 소리가 너무 아름다워 봉황이 날아들었다 한다. 그래서 용과 봉황을 타고 하늘로 올라가 신선이 됐다고 전한다. 옥녀봉의 유래다.

중봉에서 북봉 가는 길은 제법 길다. 창룡령을 지나 도룡묘, 왕모궁을 지나야 한다. 창룡령과 도룡묘는 알아둘 필요가 있다. 창룡령은 많은 산봉우리들거쳐 일월애에서 천제(하늘계단)로 내려와 운대산장을 거쳐 북봉으로 연결된 칼 모양의 산마루로, 530개의 돌계단을 만들어 등산객들이 오르내린다. 고개가 짙은 회색이고, 꿈틀거리는 용과 같아 창룡령蒼龍岭이라 부르게 됐다. 옛날에는 돌계단이 없어 기다시피 올라갔다고 한다.

창룡령 입구에 도룡묘라는 도교사원이 있다. 창룡령은 산서성의 풍수에 용맥이 있는 곳이라고 한다. 따라서 수많은 사람들이 위험을 무릅쓰고 오르려고 한다. 화산의 신성한 기운도 이곳에서 출발한다고

화산 도룡묘

전한다. 그래서 많은 사람들이 도룡묘에 와서 향을 피우고 기도하며, 일이 잘 풀리고 많은 재물이 들어오고 미래가 발전하고 평안하기를 기원한다.

마지막 봉우리 북봉에 마침내 도착했다. 1,614.9m로 다른 봉우리에 비해 그리 높지 않지만 삼면이 모두 가파른 절벽으로 둘러싸여 산세가 험하다. 위로는 구름이 덮여 있고, 아래로는 지맥을 통과하여 홀로 우뚝 서있는 모습이 마치 운대와 비슷하다고 해서 운대봉雲臺峰이라 한다. 북봉에서는 바로 아래 북봉 케이블카로 연결된다. 5개 봉우리를 모두 둘러보면 대략 12km 남짓 됐다.

제2부 중국 오악 기행

탐방가이드

화산 가려면 보통 서안공항으로 간다. 서안은 터키 이스탄불까지 이어지는 고대 실크로드의 출발점이자 종착지이기도 하다. 또한 진시황이 중원을 처음 통일하고 도읍을 정한 곳이다. 따라서 서안의 진시황릉과 병마용은 화산 답사의 필수코스로 포함된다.

서안은 강우량이 연 600mm정도 밖에 안 된다. 대체로 메마르고 먼지가 많다. 더욱이 서쪽으로는 광활한 황사 발원지 사막이 중동까지 이어진다. 따라서 맑은 날이 별로 없고 항상 구름 낀 듯 흐리다.

서안에서 화산까지는 약 110km. 버스로 2시간가량 걸린다. 매표소에서 서봉케이블카까지 셔틀버스로 약 50분 이동해서 서봉이 도착한다. 보통 서봉에서 볼거리가 가장 많은 북봉으로 바로 내려간다. 그러면 약 1시간 30분 정도 소요. 북봉에서 케이블카로 하산하면 10분 정도 소요된다. 하루 코스로는 다섯 봉우리, 반나절 코스로는 북봉과 동봉을 보면 된다.

●

화산 주변 명승지

1. 도교 제1 성지 루관대
노자 〈도덕경〉 설하고, 그의 흔적 곳곳에 남아

루관대樓觀臺는 노자가 〈도덕경〉을 설한 장소로 유명하다. 즉 중국
도교의 발원지이다. 루관대에 들어서면 '도교천하제일지道敎天下第一地'라
는 글자가 선명하게 들어온다.

종남산 기슭에 자리 잡고 있다. 종남
산은 도교 전진파의 발상지로, 도교 최고
의 명산으로 꼽히며, 첫 번째 복지福地다.
종남산에는 1,000여개의 아름다운 봉우
리가 있으며, 루관대는 그 봉우리들을 가
장 잘 볼 수 있는 곳이라고 한다.

루관대에는 윤희가 예를 갖춰 노자를
맞는 장면을 그림으로 그려놓았다. 이른

자기동래 윤희가 노자를 맞는 모습을
벽화로 그려놓고 있다.

바 동쪽에서 상서로운 기운이 오는 '자기동래紫氣東來'. 노자는 루관대에서 도덕경을 설하고 어디론가 사라졌다고 한다. 그로부터 수백년 뒤 장도릉에 의해 노자는 도교의 창시자로 모셔졌고, 윤희는 시진인始眞人으로, 종남산은 도교의 발상지로 됐다.

당나라 때는 종남산에 도교의 도관들이 즐비했다. 600년 전후해서 최대 규모의 도관을 세워 최고 번성일로를 달렸다고 전한다. 당나라는 도교가 국교였다. 하지만 청조에 이르러 대부분 폐허로 변했다. 지금 루관대는 최근에 복구한 건물들이다.

중국에 도교가 번성하게 된 결정적 계기는 도가를 도교로 발전시킨 장도릉의 손자가 삼국지의 조조와 사돈이 되면서 비롯됐다. 도교는 조조의 도움으로 장대한 발전을 한다. 장도릉의 도교를 '오두미교(도)'라고

루관대 노자상   루관대에서 바라본 종남산 끝자락에 있는 노자상. 오른쪽 뾰쪽 높은 산봉우리에서 노자가 만병통치 약을 만들었다고 전한다.

한다. 오두미도의 특징은 부적과 불공을 드리는 것. 사람이 병에 걸리면 주사를 놓고 약을 먹이는 것이 아니라 부적을 주고 불에 태워 그 재를 물에 섞어 마시게 했다. 그런데 그게 영험했다고 한다.

루관대에 들어서면 설경대라는 곳이 나온다. 그 앞에 상선지上善池라는 샘물이 있다. 1283년에 샘물이 발견될 당시 홍역이 심하게 돌았다. 루관대의 한 사람이 꿈에 한 도인을 만나, 샘물을 마시면 질병이 나아진다고 했다. 그 샘물을 마신 사람은 실제 씻은 듯 나았다고 전한다. 상선지는 '상선약수上善若水'에서 유래했다.

설경대 북쪽으로 종성궁 유적지가 있다. 유적지에 노송 9그루가 있다. 그중 한 그루는 옛날 노자가 소의 고삐를 매두었던 소나무라고 해서 계우백系牛柏이라 하고, 다른 세 그루는 모양이 마치 나래를 활짝 편 독수리와 같다고 해서 삼응백三鷹柏이라 한다.

상선지

루관대 최고의 보물은 노자의 〈도덕경〉 비석이다. 비석의 글자는 멀리서 보면 마치 꽃 같이 보인다. 〈도덕경〉 5,000자가 그대로 새겨져 있다.

上 루빈관 설경대
下 루빈과 노자사

　루관대 입구에는 신라인으로 당나
라에 유학 가서 신선이 된 '김가이선인
기념비'도 있다. 비석 내용도 신라인 김
가이가 당나라 유학 와서 도교를 공부해
신선이 되어 하늘로 올라갔다고 기록돼
있다.

2. 2000여년 만에 깨어난 진시황 병마용

갱 속에 묻힌 1만 구 도제용 병마 깨어나

중국 산서성에 있는 진시황 병마용은 진시황 무덤의 부장품으로 갱 속에 묻힌 1만 구의 도제陶製 병마兵馬를 말한다. 무장한 병사들 표정이 모두 다르며, 발굴 당시에는 모두 컬러로 채색된 도용이었으나 햇빛에 노출되자마자 불과 몇 시간 만에 모두 색이 바래버려 지금과 같이 똑같이 변했다.

낙양과 함께 중국 고대 고도古都인 서안은 지금도 땅만 파면 유물이 나온다고 한다. 실제로 3천 년 전 국제도시였던 서안엔 "장안에 가면 없는 게 없다"고 할 정도로 동서양 문물이 넘쳐 났다. 이와 관련 우스갯소리가 전한다. 유물에 대해 조금 아는 사람이 한 농부의 개밥그릇이 매우 탐이 났다. 실제 그 개밥그릇은 아주 귀한 고대 유물이었다. 이 사람이 농부에게 비싼 값에 개를 사겠다고 하면 당연히 밥그릇 정도는 그냥 줄 줄 알았다. 비싼 값을 치르고 밥그릇도 달라고 하자, 농부가 하는 말이 "그 개밥그릇 때문에 개를 몇 마리나 팔았는지 아느냐"며 오히려 반문하더란다. 그만큼 개밥그릇으로 사용할 만큼 유물이 많다는 얘기다.

2,000여 년 동안 잊혔던 서안이 새롭게 주목받는 것은 1974년 농부가 발견한 병마용 때문이다. 총 4개 갱이 있는 것으로 알려져 있으며, 아직 1호 갱은 발굴되지 않고 있다. 나머지 갱은 지금도 계속 개발되고 있다. 현지 가이드는 "병마용을 발굴하는 사람들은 평생직장"이라고 말할 정도다.

　　　　　　　　　　　　　　　　　　제2부 중국 오악 기행

다양한 표정 병마용
3천 년 땅속에 있던
병마용은 그 개수만
큼 표정도 다양하다.

진시황제릉 전경

진시황제릉

4
장

중악
숭산

중악 숭산

중악 숭산 전도

●

중악의 배경과 구성요소

달마 소림사 있는 불교 성지… 중악의 신은 삼황오제 중 첫째

오악은 이미 언급했다시피 유불선 삼교와 밀접한 관련을 가진다. 태산이 중국 신화와 전설, 천지창조의 반고신화, 그리고 옥황상제로 대표되는 도교와 밀접한 관련성을 가진다면, 숭산은 선종의 제일대 종사 달마대사가 선종을 개창한 불교와 조금 더 깊은 관계를 가진다.

우리가 흔히 알고 있는 소림사로 유명한 불교 성지가 바로 숭산嵩山이다. 소림사는 495년 인도스님 바투어跋陀에 의해 창건됐다. 소실산 깊숙하고 숲이 무성한 곳에 지어졌다 해서 소림사라는 이름이 명명됐다고 전한다. 이후 527년 인도스님 푸티다모菩提達摩(=보리달마. 達磨라고도 표기 : 당나라 중기에 원각대사라는 시호를 받았다)가 선종을 창시하고, 소림권법을 창조한 곳이 바로 중국 무술의 발원지인 소림사인 것이다. 달마는 소림사가 내려다보이는 소실산 동굴 암자에서 수년 동안 면벽수도 한 사실로 더욱 알려져 있다. 이 동굴 암자를 보기 위해 하루에도 수백 명의 관광객에 가파른 계단길로 올라간다.

숭산은 소실산, 태실산으로 이뤄져 있으며, 정상은 준극봉峻極峰이다.

숭산 정상 준극봉

〈사기〉에서는 태실(산), 〈산해경〉에서는 반석산牛石山이라고도 불렀다.
정상 준극봉은 해발 1,492m밖에 되지 않는데 지극히 높고 고상한 봉우리
라고 명명돼 있다. 그 사연은 우뚝 솟은 봉우리들이 많아서 그렇다. 무려
72개의 봉우리에 72개의 사찰이 있다고 한다. 실제 72개가 되는지 알
수 없으나 72란 숫자도 의미심장한 내용을 담고 있을 법하다. 그 사찰
가운데 가장 유명한 것이 바로 소실산 소림사와 태실산의 중악묘, 숭양서
원 등이다. 숭산에서 꼭 봐야 할 건물과 경관들이다.

숭산이란 이름 자체에서 준극봉과 연관성을 찾을 수 있다. '崇'자는
산의 조종, 즉 마루, 산신의 당산을 뜻한다. 그래서 숭산은 숭고산 또는
산신의 큰 집인 '태실산'이라고도 부르는 것이다. 지명의 원래 유래는
〈시경〉에 나오는 '높음이 오악 중 제일이며, 험준함이 하늘을 찌를 듯
하구나崇高惟嶽, 峻極于天'이라는 문장을 줄여 '숭산'이라 했다고 한다. 또한
동주시대에는 이곳을 '하늘과 땅의 중간인 곳'이라는 의미에서 중악이라

고 불렀다고 전한다. 숭산은 지세가 험한데다 방어하기 쉽고 공격하기 어려운 지형조건으로 인해 옛 수도 낙양의 요충지였다.

72개의 봉우리가 있다고 하지만 산의 혈법으로는 '토체土體의 산', 테이블마운틴이다. 토체는 우뚝 솟은 봉우리가 아닌 능선이 평평하게 넓게 펼쳐진 산을 가리킨다. 거의 직사각형 모양을 띤다. 풍수적으로 황제가 나올 산이라고 한다.

토체의 산은 중악 숭산의 신인 황제와 관련이 있다. 土가 黃으로, 황이 皇帝가 아닌 '黃帝'로 부른다. 황제의 성은 공손, 이름은 헌원軒轅이다. 중국 의학의 창시자로 알려져 있으며, 신농씨와 마찬가지로 신화 속의 인물이다. 황제는 중국의 전설상의 황제인 삼황오제에서 오제 중 첫 번째 위치로, 사실상 중국 최초의 황제로 평가받고 있다. 그래서 황제 이후의 모든 중국의 제왕과 한족은 그의 자손이라고 한다.

방향은 중앙이고, 가리키는 색, 즉 오색은 노란색이다. 오악 중에 중악이 가장 많이 훼손된 것으로 알려져 있다. 다른 오악은 통일성과 일관성을 쉽게 찾을 수 있지만 중악에서 노란색 찾기는 쉽지 않다. 하지만 원래는 통일성과 일관성을 유지했다는 사실만 알고 봐도 좋을 듯하다.

02

●

중악 숭산 기행
5,000년 중국 역사 보려면 낙양·숭산을 보라!

삼국지에 등장하는 조조는 "중원을 지배하는 자, 천하를 얻는다得中原
者得天下"는 명언을 남겼다. 대륙을 놓고 치열한 각축을 벌인 제후의 실상
에서 우러나온 말인 듯하다. 그만큼 중원이 중요하다는 의미다. 중원은
세계 4대문명 발상지이자 중국 문명의 발원지이며, 대륙의 교통 요충지
이다. 유장하게 흐르는 황하강을 곁에 두고 중국 최대 곡창지대인 화북평
야가 있고, 중국 최대의 고도古都로 꼽히는 낙양洛陽과 정주를 거쳐 대륙
전체의 모든 교통이 지나간다. 그 중원에 중악 숭산嵩山이 우뚝 솟아 있다.
중악을 소개할 때 항상 언급되는 말이 '천지지중天地之中'이다. 하늘과 땅의
중심이라는 말이다. 그 중심이 중원이고, 대륙의 핵심지역이라는 의미다.

왜 그곳에 중악中岳을 정했을까? 중국 지도를 보면서 조조의 말을
떠올려보면 이해가 된다. 조조 뿐만 아니라 중국 속담에 '5,000년 역사
를 보려면 낙양을 보고, 500년 역사를 보려면 북경을 보라'는 말도
있다. 북경 이전까지 중원의 핵심은 낙양이었다. 역대 중국 왕조 중
동주·동한·조위·서진·북위·수·당·수양·수당 등 무려 13개

오유봉 정상 달마상　봉황대에서 달마가 9년간 면벽참선한 달마동과 달마상이 희미하게 보인다.

왕조의 도읍지이자 200여 명의 황제가 머물렀던 곳이다. 명실상부 중국 최고의 고도다. 아마 숭산이 중악으로 정해지기 전부터 낙양은 이미 중국의 중심지로 자리 잡고 있었던 듯하다. 오악이란 개념이 도입되면서 가장 핵심인 중악으로 정해지는 건 역사적으로 시간문제였으리라 추측된다.

　낙양엔 중악 숭산이 있고, 숭산 자락 아래 불교 선종의 창시자인 달마가 수련한 소림사가 있고, 중국 4대 서원 중의 하나인 숭양서원이 있다. 사마광이 『자치통감』을 이곳에서 저술했다. 더욱이 중국 최초의 사찰인 서기 68년에 창건한 백마사白馬寺와 서기 71년 두 번째로 창건한 범왕사가 있다. 낙양과 숭산이 중국 불교의 성지이자 발상지로 꼽히는 이유이기도 하다. 또 역사적, 전략적, 문화적으로 매우 중요한 중국 3대 석굴인 용문석굴이 낙양 남쪽에 있다. 불교 · 도교 · 유교의 본산과도 같이 다양한 종교문화유적지가 혼재해 있다. 사람이 죽으면 간다는 북망산도 낙양 북쪽에 있다. 북망산에는 여러 왕조의 수많은 황제릉이 산재해 있다. 산이라기보다는 일종의 공동묘지와도 같은 곳이다. 세계에서 가장 큰 고묘군이다. 낙양이 중국 역사에서 중요하지 않을 수 없는 이유들이다. 이 같은 유적들로 유네스코 세계문화유산으로 지정됐고, 또한 인류역사보다 오래되는 30억년 동안 쌓인 다양한 퇴적층으로 세계지질공원으로 지정된 곳이다.

숭산嵩山은 서쪽 소실산少室山과 동쪽 태실산太室山으로 나뉜다. 모두 72개 산봉우리를 지니고 있으며, 최고봉 연천봉連天峰(1,512m)은 소실산에 있다. 태실산 최고봉은 준극봉峻極峰(1,491m)이다. 그런데 〈사기〉에는 준극봉을 최고봉으로 여기며 숭산을 '태실'이라 지칭했고, 〈산해경〉에서는 반석산半石山이라고도 했다고 기록하고 있다. 태실은 '산신의 큰 집'이라는 의미다. 높이로만 따지면 소실산 연천봉이 최고봉이지만 상징적 의미로 태실을 최고봉으로 여긴 듯하다.

태실산에는 정상 준극봉 아래 법왕사, 회선사, 12각 15층의 중국 최고最古의 탑으로 세계문화유산으로 지정된 숭악사탑, 숭상서원, 계모궐, 중악묘, 태실궐 등의 유적지와 명소들이 있고, 소실산에는 정상 연천봉 아래 소실궐, 소림사, 탑림, 삼황채, 초조암, 이조암, 달마동 등이 있다. 무술로 유명한 소림사는 소실산 아래 무성한 숲 속에 있다고 해서 '소림사少林寺'라는 이름으로 명명됐다. 탑림은 소림사 고승들의 묘지다. 당나라부터 현재까지 248개의 불탑은 전부 각각 다른 모양으로 '고대 탑예술의 지상박물관'으로 불린다. 숭산에는 현재 4개의 세계문화유산이 있다. 숭양서원Songyang Academy과 탑림塔林·Pagoda Forest, 수많은 고승을 배출한 회선사會善寺, 계모궐啓母闕 등이다.

숭산 지명의 유래는 사실과 맞지는 않지만 〈시경〉에서 유래했다고 전한다. 〈시경〉에 나오는 '높음이 오악 중 제일이며, 험준함이 하늘을 찌를 듯하구나崇高惟嶽 峻極于天'라는 문장을 줄여 숭산이라 명명했고, 동주

숭악사12층석탑 숭악사에 있는 세계문화유산인 12층 15각 숭악사탑의 모습.
뒤로는 숭산 능선이 완만하게 늘어서 있다.

시대에는 이곳을 '하늘과 땅의 중간인 곳'이라는 의미에서 중악이라 불렀
다고 전한다. 지형조건으로 옛 수도 낙양의 요충지였고 난세 때 전쟁이
가장 많이 일어났던 산이었다.

〈산해경〉에서는 숭산, 즉 소실산을 다음과 같이 묘사하고 있다.

'소실산에는 온갖 초목들이 둥글게 모여 자라고 있다. 산 위에 이
름을 제휴라고 하는 나무가 있는데, 잎새는 버들 같고 가지는 다섯 갈

래이며, 노란 꽃에는 검은 열매를 맺는다. (중략) 다시 동쪽으로 삼십리를 가면 태실산이라는 곳이다. 산 위 어떤 나무는 잎이 배나무 같으나 결이 붉며. 이름을 욱목이라고 하며, 이것을 먹으면 질투하지 않게 된다. 이곳의 어떤 풀은 삽주 같이 생겼는데 꽃이 희고 열매가 검으며 새머루 같이 반들 거린다. 산 위에는 아름다운 돌이 많다.'

곽박이 단 〈산해경〉의 주석에는 숭산의 계모전설에 대한 내용까지 소개한다.

'우禹임금이 헌원산軒轅山에서 치수를 할 때였다. 아내인 도산씨 여교에게 일을 마치고 식사를 하고 싶으면 북을 올릴 터이니 북이 울릴 때까지 오지 말라고 일렀다. 우는 힘든 공사를 빨리 끝내기 위해 검은 곰黑熊으로 변하여 온 힘을 다해 산에다 물길을 내기 시작했다. 혼신의 힘을 다해 물길을 내던 중 흙먼지가 하늘을 가리는 바람에 그만 잘못 하여 뒷발로 움켜쥐고 있던 돌이 굴러 떨어졌다. 돌은 정확하게 북의 한 가운데를 때려 북소리가 나고 말았다. 그런 줄도 모르고 여교는 부리나케 점심을 차려 남편을 향해 달려왔다. 그녀는 우가 거대한 검은 곰으로 변해 있는 것을 몰랐다. 그녀는 곰을 보고 놀라 달아났다. 그녀는 숭산 아래까지 달아나 돌로 변해 버렸다. 그녀는 마침 임신 중이어서 우는 돌을 쪼개어 아이를 끄집어냈는데 이 아이가 바로 계였다. 계는 바로 벌어지다는 뜻을 지니고 있다.' ─ 전인초의 〈오악의 신화전설〉 재인용

숭산에도 예외 없이 많은 시인 묵객들이 실체적 대상으로서 뿐만 아니라 관념의 대상으로서 숱한 작품들을 남겼다. 당대 최고의 시인 이백은 739년 원단구元丹丘와 함께 신선술을 학습할 때 쓴 시로 추정되는 시 '송양산인귀숭산送楊山人歸嵩山'이다. 당나라 시절에는 불교보다 오히려 도교가 더 지배적 사상으로 영향을 미칠 때였다.

내게는 아주 오래된 옛집이 있나니	我有萬古宅
그곳은 숭산 남쪽 옥녀봉이네	嵩陽玉女峰
항상 한 조각 달을 붙잡아	長留一片月
동쪽 계곡의 소나무에 걸어두었네	掛在東溪松
거기 가서 신선의 약초를 캐려거든	爾去惙仙草
그대는 창포꽃 자줏빛 싹을 찾아라	菖蒲花紫茸
세밑에 혹시 내가 찾아갈 때는	歲晚或相訪
푸른 하늘 백룡 타고 가리라	青天騎白龍

숭산의 자연 경관 그 자체를 노래한 시인도 있다. 이백보다 조금 이른 727년에 제주에서 귀양살이를 하고 숭산으로 돌아가던 왕유王維(699?~759)는 〈귀숭산작歸嵩山作〉을 남겼다. 시인이자 화가로서 자연을 소재로 한 서정시에 뛰어난 왕유는 시선詩仙 이백, 시성詩聖 두보와 함께 3대 시인으로 꼽힌다. 그의 시에는 불교의 영향이 많이 나타나 있어 '시불詩佛'이라고 불린다.

청명한 물은 굽이굽이 광야를 흐르고	清川帶長薄
말과 수레는 따가닥 따가닥 걸어가는 구나	車馬去閑閑
물은 뜻을 품은 듯이 흐르고	流水如有意

어둠과 함께 새가 돌아와 나의 길동무가 되어주는구나　暮禽相與還

무너져 가는 오랜 벽과　荒城臨古渡

가을의 산 너머로 해는 저물어 가고　落日滿秋山

숭산으로부터 점점 멀어져 가니　迢遞嵩高下

집에 도착하면 조용히 속세로부터 문을 닫으련다　歸來且閉關

　　명나라 말기의 지리학자이자 중국 최초의 여행가로 평가받는 서하객 徐霞客(1587~1641)도 많은 여행기와 유산기를 남겼다. 그 중에 오악의 지명 이 여럿 등장한다. 그가 남긴 〈유숭산일기遊嵩山日記〉는 중악 숭산에 관한 당시 지명뿐만 아니라 감상 등에 대한 내용을 빠지지 않고 담고 있어 사료로서의 가치와 문학작품으로서의 가치를 모두 지니고 있다.

　　'(중략) 계해년(1623년) 2월 그믐달에 지팡이를 짚고 숭산 길에 올 랐다. 19일 만에 하남 정주의 황종점에 도착했다. 황종점 오른편으로 돌 비탈길을 오르니 성승지聖僧池가 보였다. 못 가득 맑은 샘이 흐르 다 푸른 산 중턱에서 멈추었다. 산 밑으로 깊은 계곡이 여기저기 교차 해 있었는데 물이 다 말라버려 한 방울도 없었다. 비탈을 내려가 계곡 밑에 이른 다음 향로산을 따라 구불구불 남으로 갔다. 산세가 마라 엎 어놓은 세발솥 모양 세 귀퉁이가 뾰족했고, 뭇 산들이 에워싸고 있었는 데, 수려한 경관이 사람을 미혹했다. 계곡 아래에는 골짜기 가득 돌이 어지러이 늘어져 자옥빛을 띠고 있었다. 양쪽 벼랑에는 석벽이 완만하 게 있었고, 운치 있고 부드러운 광택을 발하고 있었다. 맑은 물이 흘러 내릴 때를 상상하니, 뿜어내는 진주 구슬에서 향내를 발산하면 어떠할 것인가! 십리를 가서 석불령에 올랐다. 다시 5리를 가 밀현 경계로 들 어간 다음 바라다보니 숭산은 아직도 5~6리밖에 있었다. 샛길로 동남쪽을 향해 25리 가서 밀현을 지나 천선원에 도착했다. 천선원에서는 천선에게 제사를 지냈는데 천선은 바로 황제의 셋째 딸이다. 백송이 사당 뒤뜰에 자라고 있었는데, 전하는 바에 따르면 황제의 셋째 딸이 그 아래서 허물을 벗었다고 한다. 소나무는 네 사람이 안을 수 있을 정도로 컸고, 본체에 줄기가 셋 자라 있었으며 하늘을 향해 치솟아 있었는데, 껍질은 마치 기름처럼 부드럽고 분칠을 한 것보다 깨끗했다. 똬리를 튼 듯한 가지는 구불구불했고 푸른 줄기나 바람 속에 춤을 추며 허공에 꼿꼿이 서 있었다. 실로 기이한 경관이로다! 주위는 모두 돌난간이었다. 헌 하나가 북쪽으로 나 있었는데, 헌 가운데는 아주 많은 시구가 적혀 있었다. 한참을 배회하다 떨어지는 물을 내려다보았다. 계곡이 이곳에 이르러 갑자기 아래로 치닫고, 벼랑이 위로 뒤집혀 물방울이 온통 그 밑을 통과하고 있었다. 밀현으로 돌아와 서문에 도착했다. 35리를 가서 동봉현 경계에 도착하니 경점이라는 곳이 나왔다. 남으로 석종도를 향해 가서 말에서 내렸다.' ─ 이주해 〈오악과 중국 고대산문〉 재인용

북송의 유명한 문학가 범중엄范中淹은 앞서 언급한 조조의 말과 상통하는 "준극에 아니 오고 어찌 천하를 돌았다 할 수 있으랴!不來峻極遊 何以小天下"는 유명한 말을 남겼다. 청나라 위원魏源은 '중악 숭산은 높고 가파르다中岳嵩山之峻'이라며 숭산에 대한 느낌을 한 마디로 표현했다. 이제 한번 올라보자.

숭산 서쪽 소실산에 오르기 위해 입구에 들어섰다. 산 능선이 반듯이 일자로 누워 있다. 정말 희한한 모습이다. 가이드는 "부처님이 누워있는 형상"이라고 설명한다. 바로 이 모습이 토체의 형상이다. 이미 언급한 산의 혈법 그대로다. 일─자로 누워 있는 산을 '테이블마운틴Table Mountain'

이라고 하며 풍수적으로는 예로부터 왕이 나올 형세라고 한다. 역설적으로 토체의 산에 집터를 잡거나 묘지를 쓰면 역모를 꾸미려 한다며 처형당하기도 했다. 오행의 목, 화, 토, 금, 수 상생의 방향 중에 토가 황색이며 정중앙에 있다. 중악과 오행, 그리고 황색이 전혀 상관없는 듯이 보이지만 밀접하게 얽히고설킨 관계를 가지고 있는 사실을 여기서도 확인할 수 있다.

이조암에 봉안된 선종 2대조 혜가스님과 그의 제자들이 동상에 예를 올리고 있다.

소실산에서 그리 멀지 않을 거리에 이조암二祖庵이 나온다. 초조 달마에 이어 선종의 2대조다. 달마가 인도 사람으로서 선종을 전파하기 위해서 중국 땅으로 와서(여기서 달마가 동쪽으로 간 까닭? 이라는 의미가 나왔다) 성공하지 못했다면 이조 혜가는 중국인으로 중국 선종불교를 실질적으로 이끈 인물이다. 주변 봉우리는 온통 암벽일색이다. 하지만 이조암 부근만 토산이다. 거기에 이조암이 자리 잡고 있다. 달마의 첫 제자 혜가 스님 동상을 중앙에 봉안하고 양쪽으로 제자가 있다.

지금 소림사 스님들은 한 손으로 절을 한다. 그 전통이 혜가스님으로 부터 유래했다. 혜가스님이 유불선을 통달하고 달마를 찾아가 제자가 되겠다고 하자, 달마는 하늘에서 붉은 눈이 내리지 않으면 제자로 삼을 수 없다고 거절했다. 하늘에서 붉은 눈이 내릴 수 있겠는가. 안 받겠다는 의미다. 이에 혜가는 자신의 팔을 잘라 눈을 붉게 물들이며 제자가 되기 를 간청했다고 지금까지 전한다. 소림사 스님들이 한 손으로 인사하는 이유는 바로 한쪽 팔이 없는 혜가스님에서 비롯됐다. 또한 팔 한쪽 전체 를 붉은 천으로 두른 복장도 달마가 혜가를 제자로 받아들이면서 자신의 가사를 몸소 벗어 혜가의 잘린 팔을 감싼 데서 유래했다고 한다. 이를 불가에서 '혜가단비慧可斷臂'라고 하며, 지금까지 전한다.

숭산 정상 연천봉과 봉황대, 이조암, 초조암까지 일직선으로 나란히 이어진다.

제2부 중국 오악 기행

숭산은 누운 능선… 오행 중 토체의 형상

이연걸이 '소림사'란 영화촬영을 한 이조암에서 조금 올라가면 혜가 스님이 연마했다고 전하는 연마대와 봉황의 머리를 닮았다고 해서 이름 붙여진 봉황대가 잇달아 나온다. 연마대에서 숭산이 세계지질공원으로 지정된 이유를 파악할 수 있을 정도로 주변 봉우리들의 지질구조가 그대로 드러나 있다. 제주도 세계지질공원에서 볼 수 있는 규모보다 훨씬 더 크고 면적도 넓다.

봉황대에서는 이조암이 한 눈에 내려다보인다. 돌산으로 둘러싸인 유일한 토산이다. 즉, 양 기운 한 가운데 음의 기운이 차지하고 있다. 풍수에서 명당이라는 곳이다. 우리나라 산에서 흔히 볼 수 있는 악산 가운데 흙이 있는 장소는 십중팔구 명당이다. 그 토산 가운데 악산도 마찬가지이다. 우리의 산은 대부분 토산으로 이뤄져 악산의 암벽이 흘러 내려 돌출한 바위에 기운이 넘친다고 하는 것도 모두 이에서 유래한 것이다. 일명 '동중정動中靜의 봉우리·정중동靜中動의 봉우리'이다. 이런 곳이 바로 명당이다.

그런데 봉황대에서 이조암과 달마가 9년 동안 면벽수도 했던 초조암 달마동까지 거의 일직선에 가까울 정도로 스승 달마를 뒤에 두고 있다. 그리고 봉황대 바로 뒤로는 숭산 최고봉 연천봉이 있다. 절묘한 구도가 아닐 수 없다. 동행한 사람 모두 "이조암 자리는 누가 봐도 명당으로 보인다"며 입을 모은다. 달마가 있는 봉우리는 3개의 봉우리 중 중앙에 자리 잡고 있고, 연천봉과 이조암, 초조암도 3개의 봉우리가 일직선으로 연결된다. 바로 그 옆에 삼황채三皇寨 봉우리가 있다. 글자 그대로는 3개의 황제의 울타리라는 의미지만 삼황채는 인왕·진왕·천왕을 말한다. 인왕은 중국 고대신화에서 여와신을 가리킨다. 달의 원륜을 머리에 이고 있으며, 인간을 창조한 신으로 묘사된다. 천왕은 복희신을 말하며, 태양을 머리에 이고 있다. 복희신과 짝을 이뤄 일월신의 하나로 기능을 한다. 진왕은 신농신을 말하며, 농업의 신이다. 삼황채에는 중국 고대신화를 암시하는 동시에 불교 선종의 계보와 숭산의 역사를 상징하고 있는 것이다. 하나도 놓칠 수 없는 어마어마한 봉우리와 암자들이다. 알고 보면 이렇게 의미 있는 내용들로 가득하다.

풍수적으로는 중간에 한 번 솟아 기운이 뭉친 것을 확인하는 동시에 강한 기운을 한 번 풀어주는 의미로도 통한다. 나아가 암석 기운이 하단전을 통해 들어오는 형국의 의미로도 해석한다. 어쨌든 기운이 느껴지는 지형이다. 더욱이 이조암에는 암자 바로 앞에 양 옆으로 두 개의 우물이 있어 기운을 더욱 식혀준다. 풍수는 이렇게 균형을 맞춘다. 그 균형은 결국 음과 양이고 시간의 흐름에 따라 변하는 순환론인 것이다.

풍수전문가들은 숭산 삼황채에 대해 "전형적으로 외유내강형이다. 겉은 부드럽고 속은 단단한 지형"이라고 평가한다. 오행에서 양-음-양으로 이어지는 '리괘'라고 설명한다. 주변에 듣고 있던 사람도 "변산반도의 월명암이 이런 터와 비슷하지 않냐"고 묻는다. 풍수전문가는 "맞다"고 맞장구친다. 풍수전문가는 한 마디로 "숭산의 요철⏝⏝을 목격했다"며 감격해한다.

그런데 한 가지 의문이 든다. 과연 그 당시 풍수나 오행원리에 맞춰서 이조암 터를 잡았을까? 아니면 우연의 일치로 잡은 게 후대에서 해설을 거기에 맞춰 한 것일까?

초조암 · 이조암 · 정상 연천봉 일직선으로 놓여

사실 풍수는 5세기쯤부터 풍수란 텍스트로 기록에 등장하기 시작

上 숭산에 소림사가 있다.

下 소림사 승려들이 무예시범을 보이고 있다.

한다. 그렇다면 그 이전부터 풍수란 의미를 상당 기간 사용한 것으로 추정할 수 있다. 또한 달마가 500년 전후 활동했으니 풍수의 의미와 명당터에 대한 인식은 수 세기 동안의 경험에 의해 쌓인 원칙이나 법칙들을 충분히 알고 있었지 않았을까 여겨진다. 풍수전문가들은 달마가 활동했던 6세기에는 풍수를 실생활에 적용하고 이용하려 했을 가능성이 매우 높다고 지적한다. 풍수는 기본적으로 인간이 자연환경에 최적으로 적응하기 위한 자연적 조건을 이용하는 것이라 할 수 있다. 인간이 자연에 적응하기 위한 가장 좋은 장소가 곧바로 명당인 것이다.

소림사를 가운데 두고 남쪽으로 이조암과 봉황대, 그리고 최고봉 연천봉, 북쪽으로 초조암과 달마동, 그리고 오유봉이 남북으로 일자로 연결된다. 이조암과 봉황대를 살핀 후 달마동과 초조암으로 향한다. 일단 하산했다가 북쪽 봉우리로 향한다.

달마동 달마 달마대사가 9년간 면벽참선을 한 모습을 동상으로 만들어 그 자리에 전시해 두고 있다.

上 면벽 좌선하는 달마
下 달마동 입구

달마동으로 오르는 길은 가파른 계단이다. 경사도가 50도 이상은 족히 되어 보인다. 중국인들도 엄청난 인파가 몰려 올라가고 있다. 어린애를 안고 가는 사람까지 눈에 띈다. 위험하기 짝이 없을 뿐만 아니라 보는 사람으로 하여금 아슬아슬, 불안하게 한다. 이 많은 사람들이 무슨 이유로 달마동達磨洞으로 향할까? 달마가 인도에서 동쪽인 중국으로 온 까닭은 또한 뭘까?

달마는 인도에서 불교를 확산 안정시킨 뒤 중국까지 전파하러 건너간 것으로 알려져 있다. 남북조 시대 양 무제를 찾아가 그 뜻을 밝혔으나 실패했다고 전한다. 이후 달마는 숭산 소림사 위 동굴에서 9년간 면벽참선을 하며 선종을 창시했다고 알려져 있다. 하지만 중국에서는 때를 못 만나 면벽참선으로 방향을 튼 게 선종불교를 창시한 결정적 계기가 됐고, 결국 중국 불교를 장악하는 밑바탕이 됐다. 달마 당대는 이러한 사실을 알기는 했을까. 아마 달마도 몰랐을 것이고, 단지 언젠가를 기약

하며 묵묵히 받아들이는 수행을 재개한 게 결국 더 큰 뜻을 이루게 된 셈이다. 한 마디로 하면 달마의 실패는 실패가 아닌 것이다.

가파른 계단길을 올라서면 계단 옆에 곧바로 달마동이 있고 조금 더 올라가면 정상이다. 달마동에는 수많은 사람이 천 수백 년 전에 달마가 면벽좌선 했던 좁은 공간을 들여다보기 위해 순서를 기다린다. 정말 발 디딜 틈이 없는 인파다. 몇 분을 기다려 살짝 들여다보는 순간 달마동 내부의 색깔과 똑같이 머리가 하얘지면서 아무 생각이 나지 않는 희한한 순간이 스쳐 지나간다. 말로 표현할 수 없을 정도의 감동이 다가온다. 천 수백 년 전 달마란 인물이 과연 여기서 어떻게 9년간이나 면벽좌선을 했을까 부터, 면벽좌선 하면서 과연 어떤 경험을 했을까, 어떤 득도의 경험을 했을까 까지 상념이 떠오른 것은 생애 첫 희한한 순간 그 이후 상념에 빠지면서이다.

달마동은 깊이 7m, 너비 3m의 천연동굴로, 혼자 앉으면 꽉 찬 느낌을 준다. 그 정중앙에 달마가 9년 간 참선을 했다. 그 달마는 지금 없고 동상 달마가 천 수백 년 전 그 자리를 대신하고 있다. 달마동 위쪽 능선 오유봉 정상에는 높이 12m의 대형 달마상을 옥석으로 깎아 조각해 두고 있다. 정상인데도 불구하고 인산인해로 사람들이 붐빈다. 달마동과 달마상 앞에서 사람들은 어김없이 향을 피워 합장하며 인사를 올린다. 무슨 내용으로 기도할까? 달마가 그 기도의 내용을 들어줄까? 달마도 기복신앙의 대상일까? 이런저런 상상을 하며 소림사로 향해 다시 하산이다.

소림사는 북위 효문제가 인도 불교를 중국에 전파하러 온 발타선사를 위해 495년 창건했다고 전한다. 흔히 소림사 하면 달마를 떠올리지만 창건자는 따로 있는 것이다. 달마가 소림사에 머물면서 9년 간 면벽참선 후 신체가 많이 쇠약해지자 건강회복을 위한 신체수련에 들어간 운동이

소림사 고승들의 묘터인 세계문화유산 탑림

바로 소림파 무술이다. 사실 소림 무술은 소림사를 세계적 사찰로 알리는데 크게 기여했다. 지금은 외국인도 소림사에서 기거하며 소림무술을익힐 정도가 됐다.

소림사에 있는 탑림은 수많은 탑들이 마치 숲을 이룬 것과 같다고해서 명명됐다. 탑은 일반적으로 7층으로, 가장 높은 것은 15m이상이나된다. 형태는 정방형, 장방형, 육각형, 원형, 원주형, 송곳형, 병모양, 나팔형 등 다양하다. 탑림의 탑의 형상과 구조는 매우 다양하고 명문 내용도풍부해서 불교사 및 중국 고대 벽돌건축기법, 필법, 조각 연구에 매우귀중한 자료가 되는 걸로 알려져 있다.

중악 숭산은 낙양과 서안이라는 선사시대 중국의 고도의 흔적을 볼수 있는 가장 좋은 도시들이다. 그곳에서 중국 5,000년의 역사를 다 보지

세계문화유산이자 중국 4대 서원 중의 한 곳인 숭양서원에
4,500여년 된 측백나무 여러 그루가 자라고 있다.

는 못하고 음양오행과 유불선 삼교가 오악에 녹아들어 있다는 사실을
확인한 것만 해도 큰 성과인 듯했다.

낙양·숭산 정보

　중악 숭산이나 낙양에 가기 위해서는 하남성의 성도省都 정주로 가야
한다. 하남성은 황하의 남쪽에 있다고 해서 붙은 지명이다. 거주인구
1억여 명으로 중국에서 가장 많은 인구를 자랑한다. 인천공항에서 하남
성까지 직항으로 2시간40분가량 소요된다. 한국과 시차는 1시간. 한국이
빠르다. 정주공항에서 소림사까지 버스로 약 1시간30분 걸린다.
　숭산에 오르기 위해서는 대부분 케이블카를 이용한다. 숭산 입구에
는 2개의 케이블카가 있다. 하나는 이연걸이 영화촬영을 했던 숭산 정상

인 연천봉 바로 아래 이조암까지 연결돼 있고, 다른 하나는 산 중턱 마을인 삼황채로 향한다. 2015년 3월 현재 삼황채로 가는 케이블카는 공사 중이라 운행중단 상태다. 10월쯤 재개통 예정이라고 한다. 케이블카 비용은 1인당 50위안(한화 약 8,000원). 문의 : 중국 숭산국가풍경명승구 0371-6287-2138, 소림사 0371-5519-2022

03

•

숭산 주변 명승지

1. 세계문화유산이자 3대 석굴 '용문석굴'
산과 부처와 용의 삼합체 명당 터

'5,000년 중국 역사를 보려면 낙양을 보고 500년 역사를 알려면 북경에 가라'는 말이 있다. 하지만 지금은 변해도 너무 변했다. 중국 7대 고도 중의 하나인 낙양에 들어서자 고색창연한 고도의 위엄은 온데간데 없고 고층 빌딩만 들어서 있다. 변한 가운데 세계문화유산으로 지정된 중국 3대 석굴 중의 하나인 용문석굴龍門石窟은 그나마 당시 자취를 어느 정도 보여준다.

용문석굴 앞으로 이수강이 유려히 흐른다. 낙양은 남북으로 이수강이, 동서로 낙수강이 흘러, 황하로 합류하기 전에 두 강이 합수한다. 중국은 전체적으로 서고동저西高東低 지형이며, 낙양도 마찬가지다.

낙양의 지형은 이름부터 분석하면 어느 정도 파악이 가능하다. 풍수에서 산의 남쪽, 강의 북쪽을 보통 양陽으로 본다. 한양도 강의 북쪽에

있어 붙었다. 낙양도 남쪽에 강이 있는 사실을 이름에서 알 수 있는 것이다. 그 강이 바로 앞에 흐르는 이수강이다. 북쪽에는 산은 없고 이름만 북망산이다. 우리가 흔히 부르는 망자의 산, 바로 그 산이다. 산은 없지만 지대는 상당히 높은 곳이다. 세계에서 가장 넓은 황제들의 고묘군이 북망산에 자리 잡고 있다.

두 강은 낙양을 관통해 정주를 지나 동중국해로 빠지기 전에 황하로 합류한다. 낙양의 남쪽은 이수강이 관문격이다. 그 관문에 용문석굴이 있다. 풍수적으로는 도시로 물이 흘러들어오면 재물이 들어온다고 본다. 명당이라는 의미다. 낙양이 명당이고 길지다. 왜 이곳에 용문석굴을 축조했을까?

낙수강을 거쳐 침입하는 적들을 부처님의 가호로 물리치려고 용문석굴을 건립했다고 한다.

풍수학자들은 "유형의 명당에 있는 무형의 힘을 빌려 외적을 진압하는 효과를 노렸을 것"이라고 설명했다. 강 양쪽으로 산이 있어 "매우 양명한 지역"이라고 덧붙인다. 다른 학자는 "낙양의 입지조건은 남쪽의 용문석굴과 북쪽의 망산이 핵심"이며 "여러 코드가 얽혀 있다"고 말했다. 낙수강 북쪽에 망산이 있다. 이 낙수강이 요단강이고 삼도천이라는 것이다. 요단강과 삼도천은 이승과 저승을 가르는 강이다. 속된 말로 '요단강을 건널 뻔했다'는 말을 죽을 뻔했다는 의미와 일맥상통한다.

"용문이라 할 때 용은 낙양을 의미하고, 낙양의 문이기 때문에 용문이라 했을 것이다. 또 산 그 자체가 용이기 때문에 용문산이라고 명명했다. 이 점에 있어서 한국의 용문산도 비슷하다. 산은 군사 방어적, 정치적 의미에서 매우 중요하다. 산악신앙에 최고인 용산이라는 상징성, 그리고 부처님이라는 불교신앙까지 덧씌워 최고의 진지역할을 하고 있다. 외적이 들어오는 입구에 부처님이 눈을 부릅뜨고 호국불교, 진호불교의 성격을 적나라하게 보여준다. 이러한 형태는 신라도 똑같이 도입했다. 석굴암

즉천무후가 부처님의 형상을 본떠 만든 석상이 있다.

불상이 왜구가 경주로 들어오는 길목인 동해 대동천과 감은사를 쳐다보
고 있다. 동해는 문무대왕릉이 지키고 있다. 문무대왕은 용으로 자처해서
왜구의 침입을 막을 의지를 태웠다. 동해에서 대동천으로 조금 들어오면
감은사가 나온다. 한국 석굴의 조형미와 공간적 배치는 중국의 용문석굴
과 별로 다르지 않다. 이를 한 단어로 말하면 '비보秘補'이다. 공간적,
장소적, 상징적 의미를 더해 보완하는 것을 말한다. 공간과 장소, 위치에
대한 중요한 사례를 용문석굴을 통해 확인할 수 있다."

'산과 부처와 용의 삼합체'라는 말이다. 정말 절묘할 정도로 한국의
석굴암과 유사성을 띤다.

이어 황제들의 릉이 있는 북망산으로 이동했다. 북망산 고묘박물관
에는 낙양 전도가 있다. 가만히 살펴보니 황제들이 죽어 낙양을 굽이
살피고, 남쪽 입구에는 부처와 산악신앙인 용의 힘을 빌어 외세를 진압하
는 형태다. 절묘한 지형적 조건과 이 지형을 이용한 도시구조와 황제들의
묘터가 아닐 수 없다. 다들 다시 한 번 감탄을 쏟아낸다.

2. 운대산

절묘한 협곡과 계곡… 중국 첫 세계지질공원

운대산은 중국의 100대 명산으로 꼽는다. '춘지여인 여인지춘春之女人 女人之春' 중국 운대산을 알리는 문구다. 봄이 곧 여인이고 여인이 곧 봄이 라는 말이다. 그 봄은 운대산에서 온다는 말이다. 3월 초에 찾은 운대산은 발 디딜 틈이 없을 정도로 상대방과 몸이 밀착돼서 걸은 인산인해의 산이 었다. 마침 그 날은 중국 '여인의 날'이어서 여성들이 더욱 많았다. 시끄럽 기는 이루 말을 할 수 없었다.

운대산雲臺山(1,308m)은 중 국 하남성 태항산 남쪽 자락에 있다. 봉우리가 항상 구름과 안 개에 쌓여 있다고 해서 명명됐 다. 운대산을 설명할 때 일반적 으로 사용하는 말이 있다. '삼보 일천三步一泉, 오보일폭五步一瀑, 십보일담十步一潭'이다. 세 발자 국 가면 샘이 있고, 다섯 발자국 가면 폭포가 나오고, 열 발자국 가면 깊은 못이 나온다는 말이 다. 그만큼 물이 많고, 계곡이 깊고, 못이 곳곳에 있다.

운대산은 중국 오악에 들지 는 않지만 중국 최초로 세계지 질공원으로 지정됐고, 중국 최

운대산 홍석협에 인산인해를 이룰 정도로 많이 모였다.

초로 국가 5A급 여유구로 지정됐을 정도로 지질과 경관이 뛰어나다. 기이한 산세, 수려한 경치와 함께 사계절마다 다른 풍광을 보여주는 것도 특징이다. 만물이 소생하는 봄에는 산 곳곳에 꽃이 만발하여 상춘객을 받아들이고, 여름에는 울창한 숲과 시원한 물줄기로 수많은 피서객을 맞이한다. 가을에는 형형색색의 단풍이 물들어 아름다운 운대산의 운치를 즐기며, 겨울에는 하얗게 내린 눈이 마치 하얀 옥과 같은 운대산의 절경을 만든다. 가이드는 "시원한 계곡으로 여름이 제일 좋지만 가을 단풍도 매우 아름답다"고 설명한다. 후한 장량이 조조의 군사에 쫓겨 대피했을 때 머문 산이 운대산이라고도 한다. 입구에 있는 자방호子房湖는 장량의 호 자방을 따서 붙였다고 한다.

용문석굴 불상들

운대산에는 모두 11개 코스의 계곡과 명소가 있다. 입구에서 가장 가까우면서 가장 아름답고 가장 기이한 협곡으로 평가받은 홍석협紅石峽. 기이한 암벽이 붉은 색을 띠어 이름 붙여졌다. 일명 온반협溫盤峽. 강, 폭포, 계곡이 한데 어우러져 마치 정원 같은 아름다움을 연출한다고 해서 '분경협곡盆景峽谷'이라는 찬사를 받는다. 이것은 광활한 자연경치와 기이한 풍경들, 아름다운 기암괴석들이 한데 모여 마치 암석들을 조각해놓은 듯한 착각을 일으키게 한다. 전문가들은 "산과 물이 만든 자연의 조각"이라고 평가한다.

운대산에 엄청난 인파로 발 디딜 틈이 없다.

명나라 관리 서이정徐以貞은 홍석협을 보고 감흥에 겨워 시를 한 수 남겼다. '어느 해에 정교한 연장으로 산을 쪼개어 만들었는지, 새가 날갯짓하며 날아오르게 한다네. 석양은 산에서 기울어지는데도 새들은 돌아가지를 않고 배회하고 있구나.'

'운대산 절경의 하이라이트' 홍석협 계곡 트레킹. 총길이 2km의 협곡에 폭포, 계곡, 담소 등 여러 풍광이 한데 어우러진 곳이다. 잔도 같이 암벽을 뚫어 길을 만들었다. 길 한쪽은 암벽이고 다른 쪽은 천 길 낭떠러지다. 두 사람이 겨우 지날 수 있는 폭이다. 때로는 천장이 낮아 머리를 숙이지 않으면 안 된다. 계단을 따라 내려간 잔도 같은 길은 깎아지른 듯 단애斷崖 사이를 흐르는 계곡을 곁에 두고 있다. 그 단애의 허리를 가로질러 좁은 관광통로를 만들었다.

계곡의 깊이는 보통 80여m이고, 계곡의 최대폭은 10여m, 좁은 곳은

제2부 중국 오악 기행

3m 된다고 한다. 맞은편 암벽이 손에 잡힐 듯 바로 앞에 있다. 하지만 고개를 아래로 돌리면 천 길 낭떠러지다. 바위의 계곡들은 온통 붉은빛 암석으로 둘러싸여 있다. 홍석협, 이름 그대로다. 암석이 붉은 이유는 암석 속에 철 성분이 다량 함유돼 있기 때문이란다.

마침 서울대에서 해양지질학 전공으로 퇴직하신 분이 동행하면서 설명한다.

"운대산의 암벽은 사암砂巖계열이며, 약 12억 년 전에 퇴적된 암석입니다. 바닥에 울퉁불퉁 연분홍빛을 띤 것은 물결 자국이며, 퇴적물이 쌓여 울퉁불퉁한 상태를 유지하게 됐습니다. 암석이 붉은 색을 띤 이유는

운대산 담폭협에도 엄청난 인파가 몰려든다.

철분이 많은 탓입니다. 일반적으로 암석이 쌓일 때 시루떡처럼 층을 이루는 것을 층리라고 합니다. 반면 네모 반듯이 수직으로 쌓이는 것은 절리 Joint라고 합니다. 암석이 돼 가는 과정에서 압력을 받아 절리가 생깁니다. 절리가 생길 때 직육면체로 떨어져 나가기도 합니다. 몇 천만 년 간 계속되는 지각변동을 받으면 떨어져 나갑니다. 암석의 단층면은 자갈, 모래 등이 섞인 역암입니다. 모서리가 뾰쪽뾰쪽한 것입니다. 이곳 암석은 고생대의 12억 년 전의 퇴적층으로 보입니다. 붉은 색 아름다운 층은 지하수에 철분이 많아 붉게 변한 것입니다."

절경과 인파, 상극의 상황을 오

락가락하며 겨우 2km트레킹을 끝냈다. 트레킹치고는 짧았지만 수많은 인파로 인해 무려 3시간30분이나 걸렸다.

이어 담폭협潭瀑峽. 중국에서 가장 뛰어난 협곡이다. 소채구小寨沟라고도 한다. 운대산 협곡의 대표 상징이기도 하다. '세 걸음마다 샘이 있고, 다섯 걸음마다 폭포가 있고, 열 걸음마다 못이 있다'는 말은 담폭협의 뛰어난 풍경을 묘사한 말이다. 담폭협에서는 소곤소곤 귓속말을 하는 듯한 연이폭포, 사계절 끊임없이 물이 흐르는 수련동, 오곡이 풍성하게 무르익고 각종 가축이 왕성한 풍수도, 용과 봉황 모양의 용봉벽, 신선 같은 나비석, 오랜 세월 마모되어 형성된 세연지 등이 연이어 나온다. 담폭협 안에 있는 불로천은 태항산의 여름에 내린 비와 겨울에 내린 눈이 모여 흘러내린 매우 우수한 광천수라고 소개한다. 〈수무현지〉에 위진남북조 시대 왕열이라는 사람이 이 물을 마시고 338세까지 장수했다고 전한다. 그의 걸음속도는 나는 것과 같았다는 기록까지 있다.

트레킹을 마치고 돌아오자 퇴직 교수가 한 말씀 덧붙인다. "계곡이 아름답다고 했는데, 실제로 가보니 물은 녹조현상을 일부 보이고 있더라. 녹조는 대표적으로 물이 오염됐을 때 나타나는 현상"이라고 설명했다. 출발한지 1시간 남짓 걸려 원점회귀로 돌아왔다. 거리는 약 3km.

운대산홍석협인파

북악 항산

5장

•

북악 항산

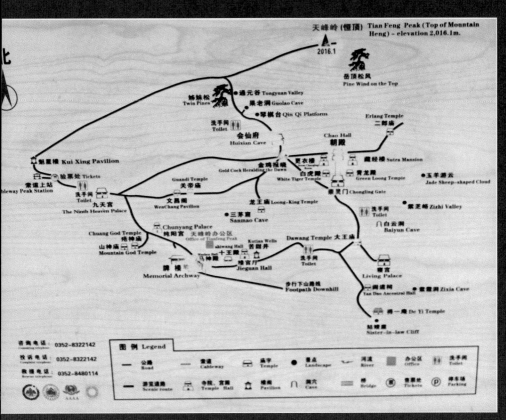

天峰岭 (恒顶) Tian Feng Peak (Top of Mountain Heng) – elevation 2,016.1m.

岳顶松风
Pine Wind on the Top

姊妹松
Twin Pines

通元谷 Tongyuan Valley
巢老洞 Guolao Cave
翠棋台 Qin Qi Platform

洗手间
Toilet

会仙府
Huixian Cave

朝殿
Chao Hall

二郎庙
Erlang Temple

藏经楼 Sutra Mansion

北

2016.1

魁星楼 Kui Xing Pavilion

验票处 Tickets

金鸡报晓
Gold Cock Heralding the Dawn

更衣楼

白虎殿
White Tiger Temple

青龙殿
Green Loong Temple

玉羊游云
Jade Sheep-shaped Cloud

索道上站
Cableway Peak Station

洗手间
Toilet

九天宫
The Ninth Heaven Palace

关帝庙
Guandi Temple

文昌阁
WenChang Pavilion

龙王庙 Loong-King Temple

崇灵门
Chongling Gate

紫芝峪 Zizhi Valley

三茅窟
Sanmao Cave

洗手间
Toilet

白云洞
Baiyun Cave

纯阳宫
Chunyang Palace

天峰岭办公区
Office of Tianfeng Peak

苦甜井
Kutian Wells

大王庙 Dawang Temple

创神庙
Chuang God Temple

山神庙
Mountain God Temple

山神殿
Mountain Hall

十王殿
Jieguan Hall

揽胜厅

寝宫
Living Palace

牌楼
Memorial Archway

洗手间
Toilet

步行下山路线
Footpath Downhill

岳渎祠
Yan Dao Ancestral Hall

紫霞洞 Zixia Cave

得一庵 De Yi Temple

姑嫂崖
Sister-in-law Cliff

咨询电话：0352-8322142
投诉电话：0352-8322142
救援电话：0352-8480114

图例 Legend

— 公路 Road
······ 索道 Cableway
庙宇 Temple
● 景点 Landscape
河流 River
办公区 Office
洗手间 Toilet

— 游览道路 Scenic route
寺院、宫殿 Temple Hall
楼阁 Pavilion
洞穴 Cave
桥梁 Bridge
售票处 Tickets
停车场 Parking

A.A.A.A.

북악 항산 전도

01

•

북악의 배경과 구성요소

도교적 색채 가장 강해… 도교 두 신선 머물러

북악 항산은 오악 중에서 가장 도교적 색채가 강하다. 같은 산서성 오대산이 중국 불교의 최고 성지로서 북악 항산은 오대산보다 지명도는 떨어지지만 도교 성지로서는 높은 평가를 받는다. 항산의 별칭인 태항산太恒山, 원악元嶽, 자악紫嶽, 현악玄嶽, 대무산大茂山 등에서도 도교적 색채가 뚜렷이 드러난다. 당나라 이후엔 '총현동천總玄洞天'으로 불리며 도교의 성지로 명성을 더했다. 동천의 개념 자체가 도교의 성지를 나타내는 말이다.

대표적 전설도 도교의 유명한 팔선 가운데 한 명인 장과로張果老가 지나갔다는 고갯길인 과로령과 얽혀 있다. 과로령은 모양이 정교하여 마치 인공적으로 만든 것 같은 청석靑石 덩어리가 이어져 있는 고갯길이다. 돌 표면에는 자연스럽게 형성된 수많은 구멍이 있는데 마치 사람의 발자국이나 당나귀 발굽 자국 같다. 전설에 의하면, 장과로가 나귀를 거꾸로 탄 채 하늘로 올라갔다고 전한다. 이 고개가 워낙 가파르고 길이 미끄러워 장과로가 어찌할 도리가 없어 하늘을 바라보며 손으로 나귀를 끌고 지나갔다고 한다. 그래서 생긴 자국이 현재 돌구멍으로 남았다고

만인벽립 마애석각

한다. 장과로는 당나라 현종 때 술사術士로 알려져 있다.

도교의 도관은 실제 항산에서 어렵지 않게 볼 수 있다. 절벽 낭떠러지에 아슬아슬하게 걸려 있는 건물이 바로 도교의 도관들이다. 송 효종이 제창한 구호 '이도치신以道治身'에서 알 수 있듯 '도는 몸을 다스리는 데 있다'는 의미는 최악의 자연환경을 스스로 극복하는 데서 도를 얻을 수 있다는 도교의 가르침과 맥을 같이 한다. 그 말은 항산 절벽의 마애석각에 그대로 표현돼 있다. '만인벽립萬仞壁立'이라고. 만 길 낭떠러지 절벽에 서 있다는 뜻이다. 만인벽립은 도교의 수련을 나타내는 가장 대표적 개념 중의 하나다. 만인벽립 중에 가장 유명한 사찰이 바로 세계문화유산으로 지정된 '하늘에 떠 있는 절'로 알려진 현공사懸空寺이다. 현공사 삼불전에는 부처와 노자, 공자가 나란히 모셔져 있다. 이른바 삼교합일의 전형을 엿볼 수 있다. 현공사와 유사한 절들이 항산에서는 쉽게 볼 수 있다.

당나라 시인 가도賈島(779~843)의 시 '북악묘北嶽廟'에서도 항산의 형세를 알게 해준다. '천지에 오악이 있고, 항산이 그 북쪽에 있네. 암벽과 봉우리 첩첩이 둘려 기괴함을 측량키 어렵다. 사람들 감히 들어오지 못하고 절은 낮에도 캄캄, … 天地有五嶽, 恒嶽居其北. 巖巒疊萬重, 詭怪浩難測. 人來不敢入, 祠宇白日黑'

진시황의 불로초도 도교와 관련 있다. 도교의 신선은 불로불사不老不死한다는 데 따라 불로초를 구하기 위해 동쪽으로 신하 서복(혹은 서불)을 파견했다는 것이다. 진시황이 천하의 12명산을 지정할 때에도 태산이

천하제일산이라면 항산은 '천하제이산' 또는 '북방제일산'으로 꼽았다고
한다. 명나라 지리학자인 서하객(1586~1641)은 여행가라 할 정도로 여행
을 많이 다녔으며, 〈서하객유기〉 중에 〈유항산기遊恒山記〉도 자세하게
소개된다.

> '망선정이라 정자가 나오고…, 호풍구虎風口에 잠시 쉬면서 그늘을
> 드리웠다. 북방제일산이란 커다란 간판도 보이고, 주방과 우물을 갖춘
> 관방이 있었다. 침궁 북쪽에 비석굴이 있다. 바로 위에는 북악전이다.
> 북악전 위는 절벽이었고, 밑에는 관방이 있었다. 북악전 아래로 하늘을
> 찌를 듯 높은 계단이 있었고, 건물 위아래로 거대한 비석들이 빽빽이
> 세워져 있었다. 북악전 오른쪽으로 석굴이 있는데 회선대會仙臺라 명명
> 했다. 회선대 안에 뭇 신선들의 동상을 만들어놓았는데 사방에 빈틈이
> 라곤 없이 빽빽이 진열되어 있다. (중략) 정상에 올라 남쪽은 용천산,
> 서쪽은 오대산이었는데 울창한 기운이 항산과 더불어 짝을 이루고 있
> 었다.' ― 〈오악과 중국 고대산문〉 이주해 연세대 국학연구원 재인용.

북악 화산의 신은 전욱顓頊으로서 고대 전설시대의 부족 수령으로
알려져 있다. 삼황오제 중에 오제에 속한다. 오제 중 두 번째 제왕으로
현제 혹은 고양씨로 부르기도 한다.

최고봉은 천봉령이며 해발 2,017m. 계절은 겨울을 상징하며, 오방색
은 검정색이다. 차갑고 춥게 느껴진다. 방향은 북쪽, 하루 중에서는 밤을
가리킨다. 우리가 흔히 알고 있는 북현무가 바로 오수. 북악 항산은 '수체
水體의 산'이다. 산의 형세가 물결 흐르듯 한 모습을 띤다.

이러한 산의 특징은 하나의 봉우리를 보고 판단하는 것이 아니라
전체적인 산의 형세를 풍수적으로 해설하는 것이다. 산마다 각각의 특징

북악 항산은 사방으로 둘러봐도 능선이 물결치듯 흐르는 전형적인 수체의 산이었다.

을 지닌 사실을 오악기행을 하면서 알게 됐다. 어떻게 산에 음양오행사상과 주역까지 녹아내릴 수 있었을까? 중국을 제대로 알려면 먼저 중국 오악부터 답사하라고 권하고 싶다. 단순히 답사가 아니라 오악의 깊이에 대해 눈을 뜨면 중국의 사상이 눈에 들어오기 시작할 것이다. 정말 장담한다.

그리고 중국인들의 오악에 대한 동경은 고대 산악숭배로부터 내려오는 자연 산수에 대한 숭배와 자연과의 합일을 통한 정신적 초탈의 추구가 저변에 깔려 있다. 이는 공자의 〈논어〉옹야편에 나오는 '지자요수智者樂水, 인자요산仁者樂山'의 인식에 바탕을 두고 있으며, 아직까지 중국 지식인들의 정신세계의 중요한 부분을 차지하고 있다. 또한 도가의 '도법자연道法自然'도 이와 다르지 않다. 특히 중국 지식인들의 정신세계는 영달하면 더불어 천하를 구제하는 겸제천하兼濟天下의 유가적 사유(有를 중심으로 설명하는 현상계)와 여의치 못하면 홀로 자신을 지키는 독선기신獨善其身하기 위한 은둔을 선택하는 도가적 사유(無사상의 확립)가 상존한다고 해도 과언이 아니다. 이는 신라 말 최치원부터 시작해서 고려와 조선시대 선비들의 삶에서도 어렵지 않게 엿볼 수 있다.

따라서 산은 항상 그들의 고귀한 정신세계를 받쳐주는 보루였고, 도연명 이래 많은 시인 묵객들이 산수시를 읊고 은둔을 노래한 장소였다. 특히 오악은 정신적 동경의 대상과 수련의 장으로서 역할을 동시에 했다. 결론적으로 오악은 많은 중국 지식인들의 철학적 사유와 문학 창작을 배태하는 요람이었던 것이다.

●

북악 항산 기행

중원의 북쪽 관문… 만인벽립에 절새명산으로 불려

항산 절벽에 새겨진 '만인벽립' 같이 도저히 상상할 수 없는 위치에 도교의 도관이 건립돼 있다.
사람들 출입을 어떻게 하는지도 궁금할 정도다.

북악 항산恒山(2016.1m)은 역시 '수체의 산'이었다. 산의 모양에 따른 오행의 분류로 수체의 산은 전형적인 물결 흐르는 모양을 띤 산을 말한다. 실제 정상에 올라 주변을 둘러보면 사방이 물결 흐르듯 넘실거린다. 오행이 그대로 맞아떨어지는 원리가 신기할 따름이다.

오행五行은 목·화·토·금·수 다섯 가지 순환원리를 말한다. 각각의 방향에 각각의 다른 본질적 요소를 가진다. 개별적으로 움직이면서 다섯 가지가 모두 함께 움직인다. 마치 달과 태양을 두고 지구가 자전과 공전을 하는 이치와 비슷하다. 어떨 때는 목이 강하고, 다를 때는 다른 요소가 강하게 작용한다. 오행이 영향을 미치지 않은 곳이 없다. 세상의 원천은 모두 오행에서 나온다. 모든 생물은 액체로부터 시작하기 때문에 오행 중에 맨 먼저 나오는 것이 물이다. 그것은 생명탄생을 상징하는 목이다. 이 다섯 가지 원리로 인간이나 자연현상, 나아가 우주 체계에 대해 설명하는 원리가 바로 오행사상이다.

송나라 학자 주현령周顯靈은 "오행의 존자尊者는 하늘에서는 오제五帝이며, 땅에서는 오악五嶽이고, 사람에게는 오상五常이며, 몸에서는 오장五臟이며, 사물에게는 오사五事이니, 각각 그 종류에 따라 항상 주主가 됐다"고 설명했다. 오행은 그 대상에 따라 오제·오악·오상·오장·오사를 낳았다는 말이다. 이미 3천여 년 전에 중국사상의 근간을 이룬 핵심내용이다.

중국에서 오악을 평가하는 지금까지 전하는 말이 있다.

"동악태산지웅東岳泰山之雄, 서악화산지험西岳华山之险, 중악숭산지준中岳嵩山之峻, 북악항산지유北岳恒山之幽, 남악형산지수南岳衡山之秀"

'동악 태산은 남성같이 웅장하고, 서악 화산은 위태롭게 험하고, 중악 숭산은 높고 길고, 항산은 깊어 아득하고, 형산은 매우 빼어나다'는 의미 정도 되겠다.

북송 때 북방계 산수화를 통일한 인물로 평가받는 화가 곽희郭熙는 그의 산수화론을 서술한 『임천고치林泉高致』에서 '숭산다호계嵩山多好溪(숭산은 아름다운 계곡이 많다), 화산다호봉華山多好峰(화산은 아름다운 봉우리가 많다), 형산다호별수衡山多好別岫(형산은 아름답고 특이한 암봉이 많다), 항산다호열수恒山多好列岫(항산은 아름답게 늘어선 암봉이 많다), 태산특호주봉泰山特好主峰(태산은 특히 주봉이 좋다)'고 노래했다.

청나라 문인 위원魏源도 오악에 대해 평가했다. "항산여행, 태산여좌, 화산여립, 숭산여와, 유유남악독여비恒山如行, 泰山如坐, 华山如立, 嵩山如臥, 唯有南岳獨如飛"라고 했다. 항산은 걷는 것과 같고, 태산은 앉은 듯하고, 태산은 서있는 듯하고, 숭산은 누운 듯하다. 오직 남악이 홀로 나는 듯하다. 마치 신선이 노는 듯한 표현으로 오악을 노래했다. 아름다운 봉우리와 기이한 절벽이 물결치듯 절경을 이룬 항산은 그 18경에 절경을 고루 담고 있다. 마치 돌이 날아온 듯한 비석굴飛石窟, 선인의 산마루인 과로령果老嶺, 달고 쓴 맛의 우물, 아찔한 벼랑에 지은 도관, 협곡에 내리는 보슬비 등 어느 것 하나 놓칠 수 없다.

항산 정상 천봉령 밑 깎아지른 절벽에 북악대묘 등 묘군이 자리 잡고 있다.

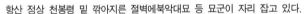

북악 항산, 다른 이름으로 태항산太恒山, 원악元嶽, 자악紫嶽, 현악玄嶽, 대무산大茂山, 상산이라고도 부른다. 도교적 색채가 짙은 이름들이다. 역사적으로는 진시황이 천하의 12명산을 봉할 때에도 항산은 천하제이산天下第二山으로 꼽혔다고 한다. 한 무제, 당 태종, 송 태조 등 황제들이 항산을 순시한 것으로 전한다. 원호문, 서하객 등 역대 시인 묵객들이 오악을 유람하고 여러 시와 글을 남겼으며, 당나라 시인 가도賈島(779~843)는 항산을 방문하고 남긴 '북악묘北嶽廟'라는 작품이 아직 전한다.

천지에 오악이 있거늘	天地有五嶽
항악은 그 북쪽에 위치해 있도다	恒嶽居其北
바위 봉우리가 만 겹으로 첩첩	巖巒疊萬重
그 기괴함 측량할 길 없네	詭怪浩難測
사람들 이곳에 와서도 감히 들어서질 못하니	人來不敢入
사당은 대낮에도 어두컴컴하네	祠宇白日黑
어쩌다 비라도 내리면	有時起霖雨
천지에 덕을 한바탕 뿌려주네	一灑天地德
신이시여, 어디 계시나이까	神兮安在哉
이 나라를 영원히 지켜주소서	永康我王國

─ 금지아 〈역대 시인이 찾은 중국의 오악〉 재인용

항산 조금 아래 '화북의 지붕'이라는 오대산(3061m)이 있다. 항산보다 1000여m나 더 높고 면적도 훨씬 넓다. 중국 불교의 최고 성지이기도 한 산이다. 그런데 오대산이 아닌 항산을 북악으로 선택했다. 분명 뭔가 이유가 있을 법하다. 그 답은 항산의 지리적, 전략적 위치에 있었다. 항산은 북방 국경선이었고, 북방 유목민족과 중원 농경민족 간에 천연적인 분수령이었다. 항산은 천연 장벽같이 몽골고원과 화북평원 사이에 우뚝 솟아 있어, 예로부터 북방민족과 한족이 치열한 쟁탈전을 벌였다. 당시 상황으로 보자면 북방의 유목민족이 세력이 커지면 항산을 넘어 중원으로 쳐들어오는 건 마치 자기 집 드나들 듯이 했을 것으로 상상이 된다. 어찌 보면 만리장성의 축성도 이러한 북방민족의 침입을 한시라도 빨리 방어하고 막기 위한 수단이었을 것이다.

항산은 웅장하고 험난한 산세가 잇달아 기복을 이루며 동서로 250km나 산맥을 이룬다. 일반적으로 108봉으로 알려져 있는 수백여 봉우리가 연봉을 이뤄 항산산맥이라고도 한다. 더욱이 그 형세가 험악해서 예로부터 군사상 전략적 요충지로 여겨져 왔다. 중국 고대국가들은 일찌감치 암반 위에 보루와 진지를 구축해 놓고 군대를 배치해서 북방 민족의 침입을 막았다. 그 유적은 지금도 곳곳에 남아 있다.

항산 올라가는 케이블카에서 내리면 바로 능선으로 연결되는 정자가 나온다.
오른편으로 가면 묘군이 있다.

중국 기록에 의하면 역사적으로 20여 명의 황제가 전쟁 때문에 항산 일대에 왔었고, 13명의 황제가 직접 군사를 거느리고 항산에서 전쟁을 치렀다고 한다. 흉노와의 전쟁에 나선 조나라 이목, 진나라 목념, 양한시기의 곽거병, 돌궐 몰아내기에 나선 당나라 설인귀, 송나라 양연소, 몽골과 대항한 명나라 상우춘 등은 모두 항산에서 치열하게 전투를 치른 장군들이다.

중원의 문호, 화북의 요새로 비유

항산이 북악으로 지정된 이유가 바로 여기에 있다. 오악은 정치·종교·사회문화적 기능을 했을 뿐 아니라 영토를 확장하고 방어하는 최후의 보루, 즉 국경의 역할도 동시에 했다. 군사·정치적 영역이었던 것이다. 중국의 황제들이 오악에 올라가 하늘에 제사를 지내며 "이 땅은 나의 땅이고, 내가 다스리는 영역"이라고 하늘과 만천하에 공표하는 의례행사를 치렀다. 이것이 바로 역대 왕조의 황제들이 오악을 찾은 배경이다.

북악 항산은 오대산보다 지명도와 높이에서 떨어지지만 험준하기와 지리적 위치는 절묘한 곳에 자리 잡고 있다. 역사적으로 항산 북쪽으로는 북방 유목민족의 집결지였고, 항산 남쪽으로는 한족이 생활하는 중원지역이었다. 다시 말해 북방 유목민족과 중원 농경민족의 천혜의 분수령이 되는 산맥이었다. 지금도 중국의 군사전문가들은 항산을 '중원의 문호, 화북의 요새'라고 비유해서 말한다. 중원의 북쪽 관문으로서 수천 년 동안 국경을 지키는 천연요새 역할을 항산이 톡톡히 해왔던 것이다. 항산 안내문에도 '절새명산絶塞名山'이라고 소개하고 있다.

항산은 도교의 제5 소동천小洞天에 해당한다. 도교의 핵심적인 산인 동시에 신선이 사는 장소인 것이다. 동천은 도교에서 신선이 사는 곳을

제2부 중국 오악 기행

가리킨다. 도교의 8신선 중 2신선의 근거지가 항산이다. 여동빈(呂洞賓)이 이곳에서 거문고를 타고 바둑을 즐겼으며, 장과로(張果老)도 여기서 은거하며 수련을 쌓고 신선이 됐다고 전한다. 장과로의 신선상은 실제로 이곳에 세워져 있다.

여동빈·장과로 머무른 도교 제5 소동천

항산에 들어서면 '만인벽립萬仞壁立'이라는 글자가 뚜렷하게 절벽에 새겨져 있다. '만 길 낭떠러지가 벽처럼 서 있다'는 의미다. 그 만인벽립 사이에 도교의 도관이 곳곳에 들어서 있다. 건물도 절묘하다. 도저히 사람이 사는 장소라고는 상상조차 할 수 없는 절벽에 도관을 지어 수련하고 있다. 쳐다만 봐도 아찔하다. 도교는 이를 통해서 수양과 훈련을 쌓고 있는 것이다.

만인벽립 같은 절벽에 건립된 도관들

항산 바로 아래 있는 중국 불교 최고 성지인 오대산은 전형적인 육산의 모습을 띤다. 도교의 산과는 전혀 다른 모습이다. 아담하면서 안기고 싶은 그런 포근한 산이다. 오대산 외 불교 4대 성지에 속하는 아미산, 구화산, 보타산 등도 오대산 정도는 아니지만 비교적 육산에 가까운 산세다. 한 마디로 도교의 산이 만인벽립이라 한다면 불교의 산은 우리의 지리산과 같이 부드러운 첩첩산중 심산유곡인 것이다.

　　명나라 말기의 서하객徐霞客(1586~1641)은 지리학자이면서 여행가라 할 정도로 각지를 많이 다녔다. 그는 북악 항산을 답사하고 여행기로 『유항산기遊恒山記』를 남겼다. 이를 먼저 보고 항산 기행을 하면 이해에 많은 도움이 되겠다.

　　'나는 지팡이를 짚고 항산에 오르기 시작해 동쪽을 향해 갔다. 계속 나지막한 언덕이라 그다지 힘은 들지 않았다. 산은 온통 석탄이었고, 또 모두 붉었다. 구부정한 소나무가 길 양 옆에 늘어서 있었는데 망선정望仙亭이라는 정자가 나왔다. 다시 3리를 갔더니 벼랑이 점차 높아지기 시작했고, 소나무 그림자 아래로 그늘이 드리웠는데, 그곳이 바로 호풍구虎風口였다. 거기부터 돌길이 구불구불 돌기 시작해서 벼랑을 따라 석벽을 기어가며 올라가야 했다. 3리를 올라가니 북방 제일산이라고 적힌 커다란 간판이 보였고, 그 안에 주방과 우물을 갖춘 관방이 있었다. 간판 오른쪽으로 돌아가 동쪽을 향해 돌계단을 한 걸음 한 걸음 올라가보니 벼랑 허리에 침궁寢宮이 있고, 침궁 북쪽에 비석굴이 있다. 다시 위로 올라가보니 거기가 바로 북악전이었다. 북악전 위는 절벽이었고, 밑에는 관방이 있었다. 북악전 아래로 하늘을 찌를 듯 높은 계단이 있었고, 건물 위 아래로 거대한 비석들이 빽빽이 세워져 있었다. 북악전 오른쪽으로 해서 올라가보니 석굴이 있다. 이것을 북악전과 이어 방으로 만들어놓고는 회선대會仙臺라 명명했다. 회선대 안에 뭇 신선들의 동상을 만들어놓았다. 사방에 빈틈이라곤 없이 빽빽이 진열 되어 있다. 당시 나는 높은 벼랑에 기어 정상에 오르고자 했다. 다시 북악전 동쪽으로 돌아가 높은 벼랑에 갈라진 곳을 보았더니 중간이 천 척이나 되는 풀이 아래로 드리워져 있었으니, 그곳이 바로 정상으로 오 르는 작은 길이었다. (중략) 나는 더욱 힘을 내 기어오르기 시작했고, 한참 뒤에 가시덤불 사라지고 정상에 오를 수 있었다. (중략) 북쪽의 산맥들이 모두 돌산이어서 나무들이 모두 북쪽에서만 자라나 있었다. 혼원성은 산기슭에 있었다. 남쪽은 용천산龍泉山, 서쪽은 오대산五臺山 이었는데 울창한 기운이 항산과 더불어 짝을 이루고 있었다. 가까이로 는 서쪽으로 뻗어 있는 용산龍山이 있고, 동쪽으로는 용산의 지봉支峰들 이 이어져 마치 어깨를 나란히 하고 소매를 맞대고 사막을 막고 있는 듯 보였다. (중략) 벼랑 틈으로 곧장 내려오니 마침 침궁의 오른쪽, 즉 비석굴이었다.'

서하객이 약 500년 전에 항산에 올라 남긴 기록과 지금의 항산 모습 과 형세는 거의 차이가 없는 것 같다.

수체의 산이자, 화북의 요새인 항산에 걸어서 올라가는 사람은 거의 없다. 대부분 케이블카로 8부 능선까지 올라간다. 그렇다고 등산로가 없는 건 아니다. 등산로로 오르는 사람들이 간혹 눈에 띈다. 깎아지른 절벽에 지은 도관에 거주하는 사람들이 아닌가 짐작된다. 항산행 버스는 거의 1,000m이상 고지까지 올라간다. 버스에 내려서 케이블카를 타고 오른다. 케이블카를 타면 거의 고도 1,500m쯤 내린다. 조금만 걸으면 정상이다. 그곳에서부터 걷기 시작한다. 수많은 차들이 주차해 있다. 도교의 신선 장과로의 상이 방문객을 맞는다. 항산의 상징물이기도 하다.

항산 입구　항산 입구에 있는 도관에 노송 두 그루가 반긴다.

주차장 옆에는 북방의 신 북제北帝, 현무대제玄武大帝(또는 진무대제眞武大帝)를
모신 진무묘眞武廟가 있다. 무슨 사당인지 모르면 그냥 넘어가기 십상이
다. 알고 보면 그 의미가 다가온다. 그게 오악이다.

　　진무묘 앞에 두 그루의 노송이 있고, 북쪽으로 조금 떨어진 곳에도
두 그루가 더 있다. 이것이 유명한 사대부송四大夫松이다. 각각 학사송學士松,
장군송將軍松, 어사송御史松, 부마송駙馬松이라는 이름을 가지고 있다. 당 태
종 이세민이 봉선을 지내기 위해 북악을 찾았을 때 북악의 신들을 잘
보필하라는 의미로 책봉했다고 전한다. 그렇다면 최소 1,300년 이상 된
노송이다. 소나무가 그냥 우뚝 솟아 있는 게 아닌 것이다.

　　정상까지는 조금 가파르다. 중간에 묘군廟群이 있다. 이른바 북악대
묘를 포함해서 다양한 도교의 도관들이 여기저기 눈에 띈다. 아슬아슬한
절벽에 건립한 도관들이다. 보기만 해도 아찔하다. 사실 도교는 중국의
국교라 해도 과언이 아닐 정도로 전 국민의 60% 이상이 믿고 따르는

북악대묘 항종전으로 올라가는 가파른 108계단으로 사람들이 조심스럽게 발을 옮기고 있다. 항종전 정문이 영적인 세계를 숭배하는 문이라는 뜻인 숭령문이다.

것으로 알려져 있다. 기독교가 발을 못 붙이는 결정적 이유이기도 하다. 종교 이전의 샤머니즘적 요소를 가미한 민속적 색채가 매우 강하기 때문에 서민들에게 무리 없이 뿌리를 내릴 수 있었다.

가이드는 30분 남짓 걸어가면 구천궁九天宮이 나온다고 한다. 구천궁은 도교의 신선인 여동빈과 장과로가 묵었던 곳이다. 청나라 때 민간신앙에서 가장 숭배한 3대신은 관제(관우)와 여동빈, 관세음(불상)이다. 도교와 불교·인격신이 혼합된 형태로 나타난다. 그만큼 여동빈은 민간신앙에서는 절대적인 존재였다. 특히 여동빈은 항산이 있는 산서성 남부 지역 출신으로 더욱 숭배대상이었다.

구천궁·순양궁·항종전 등 들러

여동빈의 호가 순양자純陽子. 순양이라는 궁이나 전은 전부 여동빈을 모신 사당으로 보면 틀림없다. 순양은 양기를 완전 회복한 상태를 말한다. 이는 도교에서 신선이 되면 완전한 양의 상태가 되는 것을 일컫는다. 따라서 순양은 그 자체가 완전한 신선이라는 의미다. 도교나 불교에서 일출을 중요시하고 새벽에 일어나 일출을 보며 기도하는 행위는 수련의 일종이기도 하지만 기본적으로 태양의 양기를 체내에 흡수하는 것과 무관치 않다. 중국에서 동쪽을 최고로 치는 이유이기도 하다. 그래서 '동악지존'이라는 말이 나오는 것이다.

관우를 모신 관제묘 옆에 구천궁이 보인다. 인간이 어떤 행동을 하는

지 하늘에서 관찰하고 관장한다는 신을 모시고 있다. 바른 행동을 하면 무사하고 나쁜 행동을 하면 벌을 내리는 신이라고 한다. 바위굴을 파서 조성했다. 깎아지른 절벽에 동굴을 파서 수련을 하는 도사들은 어쩌면 당연히 신선이 됐을 것 같다는 생각이 든다.

이곳에도 당연히 도교 8신선 중의 한 명인 여동빈을 모신 순양궁純陽宮이 있다. 궁이나 전殿, 묘廟, 사祠 등과 같은 건물이 이름을 달리하며 각기의 다른 여러 신들을 모시고 있다. 구천궁 옆에는 삼국지의 관우가 신이 되어 모셔진 관제묘도 있다. 장군 관우는 호국신으로 이미 신격화됐으며, 한국에서까지 산신으로 숭배되고 있을 정도다. 뜻밖에도 중국에서 관우는 재물신으로, 한국과 홍콩에서는 호국신으로 모셔진

관우를 모시는 관제묘는 중국에서 재물을 지키고 보호해주는 신으로, 민간 3대 신에 속한다.

다. 임진왜란 때 왜구와 한반도에서 전쟁을 벌인 명나라 군사들이 부적으로 관우 그림을 가져와 지니고 다녔던 것이 부적으로 되고, 나아가 호국신으로 신격화 된 것으로 전한다. 또한 중국에서는 유비와 장비와 도원결의를 하기 전 관리의 창고지기를 하면서 매우 잘했다고 전한다 그래서 관우를 재물신으로 모신다고 한다. 중국인의 설명이다.

구천궁을 지나 이윽고 항종전恒宗殿에 이르렀다. 항종恒宗이란 글자가 눈에 확 들어온다. 명나라 8대 황제인 성화제成化帝 때 대동大同의 관리인

장승張升이 쓴 글로 알려져 있다. 글자 그대로의 의미를 보자면 '항상 근본이 되라' 또는 '항상 으뜸'이라는 뜻이겠지만 뭔가 다른 의미가 있을 법 하다. 가이드도 무슨 의미를 담고 있는지 모른단다. 아마 항산이 으뜸이라는 의미이지 않을까 싶다. 설마 오악 중에 으뜸이라는 의미는 아니겠지….

항종전이 북악대묘다. 이곳은 일종의 선유동仙遊洞이다. 무위자연을 주장하며 벽곡, 즉 생식만을 하는 도사들이 거처하는 곳이다. 정말 속세와는 담 쌓고 사는 세상에 와 있는 느낌이다. 항종전 양쪽으로 북악대제를 수호하는 좌청룡, 우백호의 청룡전과 백호전이 있다. 봉서을 지내기 위해 산에 오른 황제가 옷을 갈아 입었다는 갱의루, 도가의 경전인 장경전을 보관하는 장소인 장경루藏經樓, 닭의 모양을 한 돌이라는 금계석金鷄石, 오악을 형상화해서 그린 오악진형도비 등이 있다. 알고 보면 정말 이렇게 깊은 뜻이 있다. 다시 한 번 모골이 송연해진다.

항종전에서의 조망은 확 트인다. 옆으로 만인벽립 절벽 사이에 있는 도관은 기가 막힌다. 도관이 한두 개가 아니다. 한 눈에 들어오는 절벽 사이 도관 숫자만 해도 한 손으로 꼽기 모자랄 정도다. 어떻게 저런 자리에 건물을 지을 수 있었을까, 상상을 불허한다. 저런 곳에 도관이 있어야만 몸을 다스릴 수 있을까, 하는 생각이 끊임없이 스친다. 일부 도관은 너무 위험해서 아예 접근금지다.

도교의 도관에 머무는 도사들은 3~5년간의 수련과정을 거쳐야 한다. 이를 표주漂周라고 한다. 표주는 불교에서 말하는 탁발과 비슷한 과정이다. 돈 한 푼 없이 세상을 떠돌아다니는 것을 말한다. 도교에서 표주를 하려면 세 가지 조건을 갖춰야 한다. 첫째는 의약에 관한 기술이 있어야 하며, 둘째는 사주팔자를 보는 능력이 있어야 하며, 셋째는 학문이 탁월해야 한다. 이를 갖춰야 굶어죽지 않는 것이다. 그래서 도사들은 봇짐에

침과 약재 등을 항상 넣고 다닌다. 도교에서는 표주를 해야만 사람이 겸손해지며 세상사를 간파하게 된다고 한다. 세상물정을 모르면 엉터리 도사라고 한다.

이어 호풍구호풍구라는 마애석각과 함께 소나무 한 그루, 그리고 안내문이 있다. 항산에 수도 중이던 장과로가 소나무에 노새를 묶어두고 휴식을 취하고 있는데, 광풍이 불며 흰 호랑이 한 마리가 포효하며 나타났다. 놀란 노새가 날뛰자 소나무의 뿌리가 뽑혔다고 한다. 그래서 이곳을 호풍구라고 명명하게 됐다고 안내한다. 뿌리가 드러난 소나무는 항산 18경 중의 하나인 호구현송虎口懸松이다.

호풍구를 조금 지나면 장과로가 타고 가던 노새의 발굽이 진흙에 빠지면서 흔적을 남겼다는 과노령果老岭을 만난다. 이를 항산 18경 중 하나로 지정하면서 과노선적果老仙迹으로 명명했다.

곧 이어 인천북주人天北柱라는 현판이 걸린 패방이 나온다. 이 글은 청나라 8대 황제인 도광제道光帝가 썼다고 한다. 패방을 지나 북악대제의 말을 위해 세웠다는 마신전馬神殿, 봉선을 위해 항산을 찾은 관리들을 위한 접관청接官廳 등도 잇따라 자리를 지키고 있다. 정말 세상에 의미 없는 게 없는 것 같다.

항종전에서 왼쪽으로 오르면 회선부會僊府가 있다. 신선이 춤 추며 모이는 장소란 의미다. 옆에는 '會仙府(일명 집선각)'라고도 써져 있다. 회선부는 도교의 8선이 모이는 곳으로, 내부에는 팔동신선八洞神仙의 상이 있다. 옆으로는 옥황각과 어비정이 있다. 바로 뒤 건물 입구 현판에는 '동천복지洞天福地'라고 적혀 있다. 신선들이 머무는 장소라는 말이다. 온통 신선들 뿐이다. 나도 덩달아 신선이 된 듯한 묘한 기분이다. 마침 구름도 잔뜩 끼고 비바람도 불어 더욱 묘하고 운치 있게 만든다. 전설 상의 여자 시조인 여와를 모신 여와랑랑묘女媧娘娘廟, 황제의 부인이 몸치장을

제2부 중국 오악 기행

항산 회선부 항산 항종전에 신선들이 놀다가 갔다는 회선부가 있다. 동천복지도 눈에 띈다.

북악 묘군에서 정상 천봉령으로 올라가는 길은 가파른 계단으로 연결돼 있다.

하는 곳이었다는 소장대梳粧臺도 알고 보면 의미 있다.

숭령문崇靈門을 통과하면 103계단을 올라 항산의 주묘인 정원전貞元殿에 이른다. 가파른 계단은 항산의 103봉우리를 의미한다고 한다. 깎아지른 절벽에 있는 도관에 비하면 아무 것도 아니지만 그래도 방문객들에게는 이 정도 가파른 계단을 오르는 과정을 거쳐야 도사의 수행을 엿볼 수 있다는 메시지를 전하는 것 같다. 오악의 다른 대묘들은 산 아래에서 정상을 배경으로 거대한 규모로 조성돼 있지만 북악대묘는 정상 8부 능선에 터를 잡고 있다. 아마 북악으로 정해지기 이전부터 도관들이 자리 잡고 있었던 터에 규모를 확장하고 지정한 것으로 짐작된다.

신선이 춤추며 모이던 회선부도 눈에 띄어

항종전 주변 천봉령 자락 절벽에 온갖 글자들이 새겨져 있다. 시인 묵객들이 항산을 예찬하며 남긴 마애석각들이다. 만인벽립 뿐만 아니라 '천하명산天下名山, 절산통천絶山通天' '운중승람雲中勝覽' '천개신수天開神秀' '첨천앙성瞻天仰聖' 등이 눈에 띈다. 각석된 글자를 보더라도 예사롭지 않다.

정상 천봉령으로 오르는 길에 도교의 신선인 장과로가 동굴에서 수련했다는 '과로동果老洞', 여동빈이 거문고를 타고 바둑을 즐겼다는 '금기대琴棋臺' 등이 있다. 이곳에서 정상까지 30분 남짓 걸린다.

묘군을 둘러보고 정상을 향한다. 힘든 계단을 오르면서 방향이 꺾이는 지점에 정자가 하나 나온다. 소요정逍遙亭이라는 현판이 붙어 있다. 슬슬 걸으면서 주변 물결치듯 흐르는 능선과 풍경을 구경하라는 의미이지 싶다. 사방이 확 트인 정자다. 정상이 바로 위에 잡힐 듯하다.

다시 힘을 내서 올라간다. 10분 남짓 정상에 도착했다. 정상은 이미 많은 사람들로 붐빈다. '항산 천봉령 2016.1m' 비석이 있다. 다들 기념사진 찍기에 여념 없다. 정상에서 둘러본 북악은 수체의 산을 완전 확인하는 순간이다. 사방 어디를 둘러봐도 물결이 넘실거리는 듯하다. 역시 오악에 중국 사상의 근본이 되는 오행이 그대로 녹아 있다. 그 중심에 불교와 도교와 유교, 즉 유불도 삼교에 음양오행의 우주사상까지 스며들어, 도저히 그 깊이를 가늠할 수 없을 정도다.

산을 내려오면서 기분 좋은 솔바람이 온몸을 녹인다. 다시 한 번 뒤돌아본다. 항산은 항상 그 곳에 있다는 암시를 주는 듯하다. '항종'이란 두 글자가 다시 떠오른다. 항산 같은 수체의 산은 흔히 권력과 재물에 비유한다. 한국의 대표적인 지형은 안동 하회마을 같은 지형이 해당한다. 하회마을은 마을 주민들이 기업 대표와 권력을 가진 인물들이 수두룩하게 배출됐다고 한다.

북악 항산에서 '항종' 두 글자와 더불어 권력과 재물을 상징하는 수체를 확인하면서 오행사상의 깊이를 조금이나마 이해하는 계기가 됐다. 그 무한한 깊이에 짓눌리는 느낌도 동시에 받았다. 산에도 이런 무한한 사상을 녹여낸 중국인들의 사상적 깊이에 새삼 놀라울 뿐이다.

'변방 제일의 산' 북악 항산. 이곳이 뚫리면 중원을 잃는다고 예로부터 전한다. 중국 역사에 '(항산) 안문관雁門關을 얻으면 중원을 얻고, 안문관을 잃으면 천하를 잃는다'는 말이 있다. 조조가 말한 "중원을 지배하는 자, 천하를 얻는다得中原者得天下"라고 한 말과 맥락을 같이 한다. 중원을 얻고 항산 안문관을 잘 지키면 곧 천하를 손 안에 두게 되는 이치라고 할 수 있다. 그 관문이 바로 북악인 것이다. 수 백리 구불구불 이어진 항산 산맥에서 북악대묘까지 '만인벽립' 뿐만 아니라 시대를 걸쳐 시인 묵객들이 남긴 그 마애석각들이 뇌리에 깊게 남아 있다. 구구절절 깊은 의미로 다가오는 그 내용들은 도교의 명산 항산에서 만인절벽 같은 도교의 신선을 만난 느낌이 진한 여운으로 남는다.

찾아가는 길

항산은 산서성 훈원에 있다. 인근에 공항이 없기 때문에 서울에서는 북경공항을 이용하는 편이 가장 가깝고 빠르다. 대체적으로 북경에서 대동으로 가서 항산을 방문하는 코스를 선택한다. 항산 주변 오대산과 운강석굴 등도 함께 가볼만한 코스로 꼽힌다. 계절은 4~10월, 즉 여름과 가을에 방문하는 게 일반적이다. 겨울에 폭설이 자주 내려 오대산은 아예 방문하지 못할 수도 있다. 여름엔 최고 40℃, 겨울엔 최하 영하 40℃까지 내려간다고 한다.

●

항산 주변 명승지

1. 세계 10대 불가사의 건축물 현공사

'하늘에 걸려 있는 사찰'이란 뜻… 항산 자락 절벽 중앙에 1500여년 지탱

'하늘에 걸려 있는 사찰'이란 뜻의 현공사懸空寺. 항산의 남서쪽 자락 절묘한 위치에 자리 잡고 있다.

현공사는 북위北魏시대 요연了然스님이 지금으로부터 1500여 년 전인 서기 491년 건립했다. 전하는 설로는 북위의 도사 구겸지寇謙之는 "개소리 나 닭소리 등 아무 소리가 들리지 않은 곳에 도관을 지으라는 꿈에서 본 터"가 바로 이곳이라며 유언을 남겼다고 한다.

처음에는 이름이 검을 '현'자를 써서 현공사玄空寺였다. 북악과 관련 있다. 오행에서 북쪽은 검을 색을 상징하는 현무다. 역시 오악과 오행은 절묘하게 맞아떨어진다. 지금도 현공사 바로 아래 절벽에 '玄空庵'이란 각석이 희미하게 보인다. 하지만 '현공사懸空寺, 반천고半天高, 삼근마미공중 조三根馬尾空中吊'라고 남긴 시에서 '懸空寺'로 바뀌었다고 전한다. 현공사,

불가사의 건축물로 널리 알려진 현공사

하늘에 걸쳐져 있네. 세 가닥 말꼬리가 공중에 매달려 있네라고 해석이
된다.

현공사가 있는 항산 자락의 봉우리는 취병산이라고 한다. 마치 비취색 병풍같다고 해서 명명된 절벽이다. 취병산 절벽 중간 지면에서 약 50m 높이에 현공사가 이름 그대로 걸려 있다. 낭떠러지 암벽을 겨우 파고 들어가 건물을 지었다. 건물 칸수만 해도 40개에 달한다. 3층 구조로 돼 있다. 이 3층 구조도 재미있다. 도교에서 말하는 천관, 지관, 수관을 의미한다. 천관을 복을 주고, 지관은 죄를 사면하고, 수관은 액을 없앤다고 한다. 또 도교, 불교, 유교 3교를 아우르는 의미도 있다. 정말 절묘하지 않을 수 없다.

멀리서 보면 현공사가 마치 21개의 나무기둥에 의지한 채 절벽에 매달린 것같지만 사실은 바위 속에 대들보를 160도 각도로 박고 그 힘을 지탱해서 건물을 지었다. 지세를 이용한 역학으로 건물을 지탱하고 있는 것이다. 뿐만 아니라 건물 상단의 벼랑이 툭 튀어나와 우산처럼 현공사를 보호해주고 있다. 아무리 폭풍우가 몰아쳐도 별 피해를 보지 않는 가장 큰 이유다. 벼랑의 틈에 위치해 태양의 직사광선을 적게 받는 것도 현공사가 1500여 년 동안 보존된 이유이기도 하다.

풍수학자는 현공사를 보고는 "도관으로서 완벽한 조건을 갖춘 터"라고 칭송한다. "항산 자락이 빙 둘러싸고 맞은 편 또 다른 자락이 태극모양으로 둘러싸고 있으며, 중간으로는 물이 흘러 완벽한 산태극 수태극 지형"이라고 해석한다. 절벽 중간에서 기운을 그대로 받고 앞에서 막아주는 기운도 고스란히 받을 수 있다고 한다.

현공사는 처음에는 도관이었으나 나중에는 불교 사찰로 바뀌어 공중에 떠 있는 절이란 이름으로 바뀌었다고 한다. 40여 개의 방을 가진 건물은 태을전, 관제묘, 관음전, 석가전, 삼관전 등 다양하게 있다. 특히

유불선 3교를 아우르는 공자, 부처, 노자를 같이 모신 삼교전은 더욱 눈길을 끈다.

　현공사 입구엔 '장관壯觀'이란 두 각자가 눈에 확 들어온다. 당나라 이태백이 놀러왔다 현공사를 보고 감탄을 금치 못해 글자를 남겼다는 말도 전하고, 이태백이 너무 놀라 그냥 있을 수 없어 '壯'자 옆에 콤마를 찍었다는 설도 전한다.

　타임지 선정 세계 10대 불가사의 건축물을 선정되기도 한 현공사는 인간과 자연이 만들어낸 완벽한 예술품으로 평가받기에 전혀 손색이 없다.

2. 중국 3대 석굴 운강석굴

고대 불교미술의 화려함의 극치 보여줘

중국 3대 석굴은 운강석굴雲崗石窟과 용문석굴, 그리고 돈황석굴이다. 여기에 중국 전통 불교미술이 고스란히 남아 있다. 쳐다보면 가히 압권이다. 이 석굴들은 대개 4, 5세기에 조성되기 시작, 짧게는 60여년, 길게는 수백 년에 걸쳐 완성된다. 몇 세기 동안 석굴의 불상을 완성하기 위해 여러 왕조에서 대를 이어 조성했다. 따라서 양식도 조금씩 차이난다.

항산 인근에 있는 운강석굴이 가장 먼저 조성되기 시작했다. 북위시대인 서기 460년 즈음이다. 이어 용문석굴이 역시 북위시대인 서기 490여년부터 작업에 들어갔다. 마지막으로 중국 고대 불교문화의 화려함의 극치를 보여주 돈황석굴은 당나라 시대인 서기 7, 8세기쯤 조성됐다. 이들 석굴은 쳐다보는 사람들로 하여금 정말 경탄을 금치 못하게 한다.

그 중 최대 석굴은 유네스코 세계유산으로 지정된 운강석굴이다. 중국 산서성 대동에 있는 운강석굴은 252개 석굴과 5만1,000여개의 석상이 5~6세기 중국 불교석굴의 위업을 그대로 보여준다. 운강석굴은 중국 황실의 후원 아래 조성되면서 남아시아와 중앙아시아로부터 전해진 불교의 종교적 상징예술이 중국 전통문화와 성공적으로 융합되었음을 보여준다.

운강석굴의 석상들은 460년부터 525년까지 약 60년에 걸쳐 완성됐다. 이 기간은 북위 왕조의 불교 석굴예술 발전의 절정기로 기록된다. 운강석굴의 조성기간은 크게 세 시기로 나눠진다. 460~465년까지 초기, 471~494년까지 중기, 494~525년까지 말기로 나눌 수 있다. 494년 효문

운강석굴 전경 중국 3대 석굴 중의 하나인 운강석굴이 1km 가량 펼쳐져 있다.

제가 대동에서 낙양으로 수도를 천도하면서 양식이 바뀐다. 이후엔 민간
주도로 불상이 자유롭게 제작됐다. 전문가들은 이를 두고 "국립박물관에
서 민속박물관으로 바뀌는 단계"라고 말하며 "운강석굴은 야외 캔버스에
작품을 남긴 자연갤러리"라고 감탄을 금치 못했다.

　초기에 만들어진 석굴은 5개의 주 동굴로 이뤄져 있다. 장엄하면서도
단순한 이 석굴들은 승려 담요의 지휘 아래 만들어져, 그의 이름을 따서
'담요오굴'이라 한다. 담요스님이 석굴의 효시가 되는 셈이다. 고대 인도
풍의 초가를 본떠 만든 아치형 지붕이 있다. 또한 각각의 굴마다 문과

불교미술의 백미로 꼽히는 운강석굴의 불상들

창문이 있다. 석굴 중앙에 자리한 거대한 불상이 석굴의 대부분을 차지하며, 외벽에는 1,000여개의 불상이 조각돼 있다.

중기에 이르러 운강석굴은 한나라 양식으로 발전한다. 정권이 바뀌면서 새 왕조에 대한 이미지를 새롭게 하고자 조각상의 모습도 조금 변화한다. 이 시기의 석굴들은 일반적으로 네모지게 설계됐고, 정면과 후면에 방이 있는 형태가 많다.

말기의 석굴들은 석굴 지역 서쪽인 용왕사 계곡에 있다. 이 시기에는 모두 200개가 넘는 석굴과 벽감들이 만들어졌다. 조각들은 내용이 단순해지고 형태도 양식화되는 보이는 반면, 섬세함과 우아함이 더해졌다.

전체 길이는 약 1km에 달하며, 석굴의 총수는 42개다. 제20동의 노좌대불은 높이가 무려 14m이고, 제19동의 대불은 약 17m에 이른다. 석굴의 융성기는 486년 전후. 이 무렵의 불상은 중국 고대의 복제服制를 모방했다. 신체보다는 복제 표현에 유의했고, 얼굴은 길며 매우 신비롭다.

운강석굴의 불상들

이 석굴들은 북위의 문화사적 유산일 뿐만 아니라 중국을 중심으로 한 서북 인도·중앙아시아와의 문화적 교류 및 한국과 일본의 고대문화를 만들어낸 아시아 문화생성의 자취를 입증하는 중요한 문화적 유적이다.

3. 세계 5대 불교성지 오대산
중국 불교 최대 성지이면서 '화북의 지붕'

중국 4대 불교 성지 중 으뜸이며 세계 5대 불교 성지 중의 한 곳인 중국 오대산. 오대산은 우리나라와도 깊은 관련이 있다. 신라 자장율사가 오대산 태화지에서 목욕하며 문수보살을 친견한 것으로 유명하며, 또한 세계 최초의 여행기 『왕오천축국전』을 쓴 혜초도 오대산에서 수행을 한 것으로 전한다.

중국인들은 "금의 오대산金五臺, 은의 아미산銀峨眉, 동의 보타산銅普陀, 철의 구화산鐵九華"이라는 말로 중국 4대 불교명산의 순서를 매긴다. 보타산의 문수보살도 오대산에서 가져간 것이라고 전한다. 또한 네팔 룸비니 가든, 인도 녹야원, 보리 가야, 쿠시나가와 더불어 오대산이 세계 5대 불교성지로 일컬어지고 있다.

오대산은 불교문화뿐만 아니라 아름다운 자연경관으로도 유명하다. 2000년에 중국 국가경관지역으로 지정됐고, 2003년엔 중국 10대 명산에 선정됐다. 또 2005년엔 중국 국가지질공원으로 지정됐고, 2009년엔 유네스코 세계유산으로 지정됐다. 따라서 오대산은 자연경관과 문화유산, 불교문화와 지질학적으로도 매우 중요한 산인 것이다.

오대산은 이름 그대로 다섯 개의 평평한 봉우리로 이뤄져 있다. 그 다섯 개의 봉우리를 오대五臺라 부른다. 그 중 북대가 3,061.1m로 가장 높다. 오대산 북대를 '북 중국의 지붕(화북의 지붕the roof of North China)'이라 한다. 오대산의 다섯 봉우리는 중대 금수봉(2,936m), 동대 망해봉(2,880m), 서대 괘월봉(2,773m), 남대 취암봉(2,757m), 북대 협두봉(3,061m)으로 구성 돼 있다. 중대 금수봉을 중심으로 동서남북에 하나의 봉우리가 솟아있는 형국이다.

오대산에 불교가 들어서기 시작한 때는 서기 68년 즈음으로 전한다. 현통사의 전신인 영노사靈鷲寺가 건립된 건 이 때다. 낙양의 백마사가 중국 최초의 절로 알려져 있으나, 백마사는 승려교육기관으로서의 기능 이 강했다. 실질적인 중국 최초의 사찰은 현통사라고 할 수 있다. 이어 불교는 당나라에 들어서 황제들이 앞장서서 절을 짓기 시작하면서 융성 한다. 도교는 서민종교, 불교는 왕족과 귀족종교로서의 기능을 하며 급속 도로 세를 확산해 갔다. 오대산의 명성이 자자해지면서 인도와 조선, 일본 등에서도 잇따라 스님들이 찾아왔다.

불교경전에 따르면 '화북지방에 청량산이란 명산이 있는데, 그곳에 보살이 상주하고 있다. 그 이름은 문수라고 한다. 문수보살은 1만 여명의 보살과 함께 살며 항상설법을 한다'고 기록하고 있다. 따라서 청량산이 곧 오대산이고, 때로는 오봉산이라고도 한다. 문수보살은 용의 화신이며, 석가모니불의 지덕과 체덕을 맡아서 부처의 교화를 돕기 위해 보살로 화했다고 한다. 문수가 타고 다니는 사자는 그의 지혜가 용맹하다는 것을 상징한다. 오른손에 들고 있는 칼은 일체 중생의 번뇌를 끊겠다는 뜻이 고, 왼손에 꽃(청련화)는 일체 여래의 지혜와 무상의 지덕을 맡는다는 의미 다. 머리에 상투를 맺고 있는 것은 지혜의 상징이다. 다섯 개의 상투가 대일여래의 오지五智를 표현한 것이다.

중국 최고 불교 성지 오대산

이와 같이 중국 오대산은 문수보살의 발원지다. 문수는 지혜를 상징하며, 지혜는 통합을 이룬다. '일즉다一卽多이고 다즉일多卽一'이다. 화엄경의 아이콘인 것이다. 당시 중국은 몇몇 통일왕조를 거치지만 진정한 통일을 이루지 못한 상태였다. 이에 당나라는 강력한 통치이데올로기가 필요했다. 화엄경의 지혜와 통합은 매우 적절한 사상이었다. 문수보살로 대표되는 불교는 급속도로 중국으로 전파됐고, 나아가 동아시아까지 확산됐다.

전문가들은 "난세를 극복하기 위한 이념으로 화엄경이 대세였던 시대"라고 말했다. "오대산이 곧 오행이고 오악의 축소판이 아닌가 하는 생각이 든다. 오대산은 토체의 산으로 오행에서 중앙을 의미하며, 중앙은 통합을 나타낸다. 통합을 꿈 꾸는 제왕은 편협 되면 안 된다. 공정한 데서 카리스마가 나온다. 화엄경의 아이콘이 문수보살이고, 문수보살은 지혜와 통합을 추구했다. 그리 보면 도상학적으로 오대산은 통합과 연대의 상징이라고 볼 수 있다."

한반도에 문수신앙이 정착한 것은 신라 고승 자장에 의해서였다. 혜초도 문수보살의 지혜와 화엄경을 공부하기 위해 인도를 거쳐 중국으로 유학했던 것이다. 당시 신라도 삼국을 통일하고 통합 이데올로기가 절실했던 시기였다.

문수보살은 최고 지혜의 상징

자장은 문수보살을 친견하기 위해 오대산에서 수행했다. 태화지(지금은 조욕지)에 있는 문수보살 석상 앞에서 7일 동안의

자장율사가 목욕재계하고 문수보살을 친견했다는 태화지에서 가이드가 설명하고 있다.

제2부 중국 오악 기행

기도를 통해 꿈에서 본 보살로부터 범어로 된 사구게와 100개의 부처님 사리 등을 받고 귀국했다. 자장은 643년(선덕여왕 12) 황룡사에 구층탑을 세우고, 오대산 태화지와 지명이 비슷한 울산 태화사, 용이 살던 곳인 양산 통도사에 사리를 봉안할 사찰을 건립했다. 이어 오대산 중대에 적멸보궁을 창건하여 문수신앙의 중심도량으로 만들었다. 이곳이 한반도 문수보살 신앙의 효시다. 지금 문수사나 청량사, 또는 청량산·오대산·문수산 등은 전부 문수보살과 관련 있다고 봐도 거의 틀림없다.

오대산은 그 뒤 원나라와 명나라 황제들도 수차 사원건축에 관한 황명을 내렸다. 명대는 어명에 의해 티베트 불교를 오대산에 입주시켜 한족불교와 티베트불교(라마교)가 공존하기에 이르렀다. 중국 최고의 절 현통사(영노사가 전신)에 있는 탑 모양은 라마교의 영향을 많이 받은 모습이다.

오대산의 전성기는 청나라 들어서다. 이는 문수가 주창하는 지혜의 통합이 청나라 만주족에 꼭 필요한 지배 이데올로기였다. 중원을 통일한 청은 한족을 지배할 이념적 무기가 필요했던 상황에서 통합을 내세우는 문수신앙과 이상적 결합이 가능했다. 뿐만 아니라 문수는 문수사리文殊師利 또는 문수시리의 준말로 범어로는 만주슈리Manjushri다. '만주'는 달다, 묘하다 훌륭하다는 뜻이고, '슈리'는 복덕福德이 많다, 길상하다는 뜻이다. 문수가 만주로 발음되는 것은 많은 상상을 가능케 한다. '만주가 문수고, 만주가 통합이다'는 논리가 가능해진다. 실제로 청나라 시절 여러 명의 황제가 오대산을 방문하며, 쉬지 않고 절을 지었다. 최고로 360여개의 절에 1만 여명의 승려들이 있었다. 오대산에는 지금도 약 120개의 사찰이 있다.

중국 최고의 절로 불리는 영노사의 후신인 현통사와 탑원사가 나란히 있다. 이들 명칭은 전부 황제들이 내렸다. 현통사는 서기 58~76년에 건립된 오대산에서 가장 오래된 사찰이라고 소개하고 있다. 탑원사도 바로 옆에 있다. 오대산에서 가장 크고 오대산의 상징인 54.37m 높이의 탑(일명 대백탑 · Dabaita Pagoda)이 단연 눈에 돋보인다. 원 왕조 시절(1,301년)에 처음 지어졌다. 흰색으로 칠해 진 탑에는 석가모니불진신사리와 문수발탑이 있어 탑원사란 명칭이 붙었다.

케이블카를 타고 대라정大螺頂을 찾았다. 오방문수전이 모셔진 절이다. 이에 대한 사연이 있다. 중원을 석권한 북위 효문제, 수 양제, 송 태종, 원 영종, 청 성조 등 황제들은 제각각 오대산을 오르려 했다. 청나라 6대 황제 건륭도 즉위 즉시 오대산을 찾았다. 하지만 오대산은 그 높이만큼 기상도 천변만화 했다. 정상 북대는 거의 만년설에 가까울 정도로 눈이 있다. 건륭은 처음 동대로 향했다. 세찬 비바람으로 가지 못했다. 중대는 폭설이 아예 길이 끊어져 버렸다. 건륭은 포기하고 돌아갔지만 이듬해 다시 오대산을 찾았다. 지금의 대라정에서 한숨을 돌린 후 오르려 하는 순간 갑자기 폭풍이 쳤다. 이에 건륭은 대라정 주지에게 어명을 내린다.

"3년 후 다시 올테니 5대 문수보살을 꼭 친견하게 하라"고. 대라정 주지는 이에 오대산의 5대 불상을 그대로 본떠 아예 대라정에 모시게 됐다고 한다. 동대총명문수東臺聰明文殊, 북대무구문수北臺無垢文殊, 중대유동 문수中臺孺童文殊, 남대지혜문수南臺智慧文殊, 서대사자후문수西臺獅子吼文殊 등 5대 문수보살을 그래서 대라정 본존에 있다. 오방문수전 앞에는 청 건륭 이 비석을 세워 뒷면에 직접 쓴 시를 남겼다. 건륭황제 뿐만 아니라 많은 사람들이 오대산을 직접 올라가지 않고 대라정에서 기도를 할 수 있어, '소조대'라는 별칭을 얻게 됐다.

대라정 이름도 재미있다. 한자로는 '大螺頂'이다. 글자 그대로 직역 하면 '큰 소라 꼭대기' 정도 되겠다. 이렇게 해석하면 소조대와 도저히

오대산 대라정

연결이 안 된다. 두 번째와 세 번째 해석이 의미심장하다. 두 번째는 중국에서 푸른 산과 같은 형세를 '大螺'라고 한다고 한다. 오대산의 자연경관을 일컫는 말이다. 오대산의 푸른 경관이 이곳에 있다는 의미로 해석하면 조금 연결된다. 세 번째는 문수보살의 머리상투 모양이 큰 소라와 같다는 의미다. 부처님이 계신 정상이라는 의미로 해석하면 대라정의 의미와 맥이 통한다.

오대산은 지금 전부 차로 올라갈 수 있다. 위로 올라갈수록 나무는 아예 없다. 잡초만 무성할 뿐이다. 가끔 양들을 방목하는 장면을 목격할 수 있다. '화북의 지붕'답게 기상은 변화무상하다.

오대산은 우리의 지리산과 같이 전형적인 육산이다. 차가 오르기에도 별로 위험하지는 않지만 비바람이 부는 날씨에는 모든 상황을 예측할 수 없게 만든다. 첫 도착지점이 대호국문수사라고 곳이다. 문수보살의 칠보 중의 하나인 유리로 만든 13층 높이의 탑이 돋보인다. 하지만 짓궂은 날씨와 짙은 안개 때문에 자세히 볼 수가 없다.

고도는 계속 올라가고 비바람도 그칠 줄 모른다. 중대에 도착했다. 도저히 시야확보가 안 된다. 고도는 2,893m. 정상은 2,895m라고 돼 있지만 어디가 어딘지조차 분간이 안 될 정도다. 중대 정상엔 유동문수가 있다. 중대는 또 취암봉翠岩峰이라고 한다. 비취색 암벽이 아름다워 이름 붙은 봉우리다.

자장의 자취가 서린 태화지는 가보자고 다들 입을 모은다. 북대 가는 길 중간쯤에 있다. 북대는 '화북의 지붕'으로 불리는 협두봉叶斗峰이며, 무구문수가 모셔진 절이 있다. 오대산의 아름다운 경관을 감상하기에 가장 좋은 장소라고 소개한다. 하지만 중간쯤에 있는 태화지(지금의 조욕지)에 도착할 때까지 날씨가 갤 기미는 전혀 보이질 않는다. 오히려 높은 고도 때문에 더 악화되고 있다.

오대산 능선에서 바라본 대라정과 주변 모습

태화지는 알려진 대로 자장이 문수보살을 친견하기 위해 목욕재계하고 7일간 기도를 올린 장소다. 잔뜩 의미 부여를 하고 갔지만 막상 현장은 볼품없는 우물에 불과하다. 용이 승천했고, 자장의 자취 때문에 무리해서 올라왔지만 이보다 날씨만큼이나 실망을 시킨다. 짓궂은 날씨 때문에 눈에 뵈는 게 없다.

오대산 오대는 왼손을 뒤집어 손바닥이 하늘을 보게 한 상태서, 손가락을 살짝 구부리면 엄지부터 순서대로 남대, 서대, 중대, 북대, 동대로 보면 된다.

사자후문수가 모셔진 서대는 괘월봉挂月峰이라 부르
며, 아름다운 달을 감상하기에 가장 좋은 장소로 알려져
있다. 총명문수가 모셔진 동대는 망해봉望海峰이다. 일출
을 보기 위한 방문객들로 넘쳐나며, 여름에도 얼음이
얼 정도다. 지혜문수가 모셔진 남대는 금수봉錦绣峰이라
부른다. 말 그대로 비단을 수놓을 정도로 풍부한 수종과
다양한 꽃으로 넘쳐나는 봉우리다. 여름과 가을에는 등
산객들의 메카라 불릴 정도로 많은 사람이 찾는 것으로
알려져 있다.

4. 도교 최대 사원 대라궁
태상노군 노자 · 어머니 무상원군 모신 전각 다양

대라궁大羅宮은 중국 면산綿山에 지어진 도교 최대 사
원이다. 이곳에는 도교 시조인 노자 태상노군을 비롯한
여러 도교의 신들을 한 눈에 볼 수 있도록 각 층별로
신격을 구분해서 봉안하고 있다. 건물은 암벽에 붙여 13층 높이에 110m
라고 소개한다.

면산 25km 아찔한 협곡에 마치 현공사를 방불케 하는 도교 사원
을 거창하게 건립했다. 아찔한 협곡을 빼어난 경관을 자랑한다. 도교
최대 사원을 둘러보는 감상 못지않게 풍광을 즐기는 시간도 아깝지
않다.

대라궁 최초의 건축 연대는 명확치 않으나 당 현종이 건축하고 역대
왕후장상과 부호들이 끊임없이 기부하여 중건했다고 한다. 최고의 신

중국 도교 최대 사원 대라궁

태상노군, 도교의 8신선, 재물신 등 도교의 다양한 신들이 좌정해 있다.
태상노군은 강경당講經堂 가운데 모셔져 있다. 왼쪽에는 태초, 태시, 태소,
오른쪽에는 혼돈, 판고, 구궁, 원황을 모시고 있다.

　한 층 위에는 혼원전混元殿. 가운데에는 무형천존을 봉안하고, 왼쪽에
는 무명천존, 오른쪽에는 무상원군이 있다. 무형천존은 이 세상이 혼돈
전 도교의 기가 아직 나타나지 않은 상태의 도교의 신이어서 형태를
찾을 수 없다는 뜻이다. 무명천존은 우주가 탄생했을 때 최초의 신을

강경당 태산노군 노자 동상

말한다. 부를 이름이 없다는 뜻에서 명명됐다. 무상원군은 태상노군의 어머니로서 3명의 존귀한 신선이 우주의 근원이고 주재로서 만물의 시작과 창조자로 알려져 있다.

삼관전은 천관, 지관, 수관을 합칭해서 부른 삼관대제를 모신 전각이다. 천관은 복을 주고, 지관은 죄를 사하고, 수관은 액운을 해결한다. 백성들은 이 신들의 은혜에 감사하기 위해 사당을 건축해서 봉안했다고 한다. 그 외에도 원진전, 두무전, 인간선경, 장경각 등 다양한 전각에 관심 있는 사람들에게는 볼거리가 매우 많다.

上 천관전　　천관 지관 수관 삼관대제
下 혼원전 무명신선

5. 갑골문 발원지 은허 유적지

중국 역사는 대개 B.C 221년 진시황이 중원을 통일하면서부터 시작된다고 한다. 하은주시대는 상고시대로서 역사적으로 검증되지 않은 역사였다. 그런데 지난 2003년 중국이 중화문명탐원공정이란 기치를 내걸고 역사만들기 작업을 본격 추진하고 있다. 전설로 알려져 있던 삼황오제도 역사적 사실로 만드는 작업이다. 기원전 200여년에서 기원전 5,000에서 1만 년으로 끌어올려 중화민국의 화려한 문화를 세계에 과시하기위한 목적이다. 이어 위구르 역사도 중국역사로 만드는 서북공정, 티베트역사를 편입하는 서남공정, 고구려 역사를 왜곡하는 동북공정 등을 잇따라 추진하면서 주변국들과 논란을 불러 일으키고 있다. 탐원공정 일환으로 나온 성과가 바로 은허殷墟 유적지이다. 갑골문 발원지로서 세계문화유산으로 지정된 곳이며, 실제로 이로 인해 중국 역사를 수 천 년 끌어올리는 성과를 거뒀다. 은허박물관에는 수많은 청동기 유물을 전시해놓고있다.

은나라는 상나라라고도 알려져 있으며 기원전 1,600년경에 하 왕조를 멸망시키고 건립했다. 탐원공정에 의한 유적 발굴로 은 왕조의 고고학적 연대를 확인하는 동시에 가장 오래된 중국 국가로 인정받았다.

은 초기의 갑골문자는 활자로 사용하면서 점을 치는 도구로도 활용한 사실을 보여준다. 동물의 널찍한 뼈와 거북의 등에 사용한 문자가 은허유적지에서 다수 발굴되면서 확인됐다. 한자 초기 글자들을 보면 절묘하게 형상화 한 상형문자들이 매우 절묘하고 신기하다. 그 신기한 모습을 은허유적지에서 볼 수 있다.

세계문화유산 은허유적지   갑골문 발현지 석상

갑골문자 대조표

거북이 등에 상형문자 새겨 점을 친 것으로 알려져 있다.

한자 초기의 상형문자들

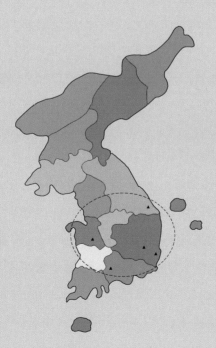

『삼국사기』 권32 제사조에 '중사 오악, 동 토함산吐含山, 남 지리산地理山, 서 계룡산鷄龍山, 북 태백산太伯山, 중 부악父嶽 일운一云 공산公山'이라는 기록이 나온다. 한반도 오악에 대한 첫 공식기록이다. 이 때가 680여년쯤. 일부 학자는 신라가 삼국을 통일하기 전 왕경오악이라고 해서 중국의 체제를 도입하기 전, 수도 경주를 중심으로 오악을 지정했다고도 주장한다. 하지만 얼핏 그 흔적을 볼 수 있지만 정확한 기록이 없어 자세히 파악할 수 없다.

『삼국유사』 권5 선도성모수희불사에도 오악에 대해 '동 토함산, 남 지리산智異山, 서 계룡, 북 태백, 중 부악'으로 비슷한 기록이 소개된다. 『고려사』에서는 훈요십조에 자연 그 자체로서의 신격화 명칭을 부여한다. 예를 들면, 동악은 '동악 태산지신'이라고 이름 그 자체를 더욱 신격화시킴으로서 오악의 의미를 더했다.

하지만 중국의 오악에는 유불선 3교와 음양오행·오방색을 포함한 무궁무진한 사상과 이념이 녹아든 반면, 통일신라 오악에는 그런 사상적 기반이 별로 없어 보인다. 중국 『구당서舊唐書』 권21 예의지禮儀志에 '일월 성신, 사직, 선대제왕 및 오악, 사진, 사해, 사독과 제사帝社 등에 제사지냈다'고 나온다. 신라에서는 당의 오악제도를 받아들였지만 산천에 대한 국가적 제사와 삼국의 주요 지역을 관리하기 위한 명분으로 변용한 듯하다. 특히 통일 신라시기 백제나 고구려 유민들을 통합하고 군사적 목적의 거점지로서의 역할을 강조한 점이 뚜렷이 나타난다. 그것은 오악의 위치를 보면 어느 정도 그 상황을 파악할 수 있다. 신라 수도를 보호하기 위한 목적으로 수도 경주에 있는 토함산을 동악으로, 백제 유민을 달래고 통합할 목적으로 계룡산은 서악으로, 중악 팔공산은 경주가 한쪽에 치우친 느낌을 벗어나기 위해서 중악으로, 고구려 지역이었던 태백산을 북악으로 각각 지정했다. 남악 지리산은 원체 명산으로 당연히 오악에 포함시킬 수밖에 없었을 것이다.

　정치군사적 목적이나 성격에 따라 지정된 한반도 오악은 조선시대 들어서도 비슷한 성격으로 나타난다. 조선시대는 수도가 한양으로 바뀌자 한양 주변의 산들이 대거 명산, 또는 오악으로 편입된다.『조선왕조실록』세종실록편에는 '우리나라에서도 백악산을 중앙으로, 관악산을 남악으로, 치악산을 동악으로, 감악산을 북악으로, 송악산을 서악으로 하여 사시로 제사를 지냈다'라고 나온다. 중종실록편에서는 '동의 금강산, 서의 묘향산, 남의 지리산智異山, 북의 백두산, 중앙의 삼각산(지금의 북한산)'으로 소개하고 있다.

　결론적으로 한반도에서 오악은 통일신라는 군사·정치적 통치개념으로 봤다면, 고려는 중앙과 지방호족 간의 연결고리로, 조선은 신라와 마찬가지로 호국·군사적 성격이 강조되는 동시에 자연 그 자체를 중시하는 측면이 두드러진다. 이러한 관점은 한국의 명산을 유심히 살펴보면 공통점과 일관성을 파악할 수 있다.

●

동악 토함산

통일신라 정치적 목적으로 지정… 중국 음양오행·주역성격은 없어

동악 토함산(745m)은 그 이름 유래부터 아리송하다. 한자로는 吐含山. 머금고 토하는 산이라는 의미다. 도대체 무슨 뜻일까? 토함산 이름의 유래는 대체로 세 가지 설이 전한다.

첫째는 석탈해의 이름에서 유래했다는 설이다. 『삼국유사』에 '탈해는 토해吐解라고도 한다'라는 기록이 나온다. 석탈해의 다른 이름인 토해가 토함과 비슷한 음으로 발음돼, 토함산이 됐다고 전한다. 논리적으로 명쾌하지는 않지만 토해산보다는 토함산이 더 친근하게 느껴지기는 한다.

두 번째로, 운무와 풍월을 머금었다 토해내는 토함吐含하는 뛰어난 경관을 지녔다고 해서 토함산이란 지명이 명명됐다는 설이다. 실제로 토함산은 늘 안개와 구름을 삼키고 토하는 듯 동해의 습기와 바람이 변화무쌍하여 지척을 분간 못 할 정도로 안개가 눈앞을 가리는가 하면 어느 사이에 안개가 걷혀 솔숲이 한 폭의 동양화를 연상케 하는 경관을 자랑한다.

토함산 정상에서 동해 감포 앞바다에서 해가 떠오르고 있다.
동악의 일출은 만물의 소생을 상징하는 의미로 더욱 뜻이 깊다.

토함산은 신라 석탈해와 밀접한 관련

셋째로, 부처님의 진리를 언제든 머금고 토해낸다는 의미로 유래했다는 설이다.

세 가지 설이 다 그럴 듯하지만 어느 한 가지도 명쾌하게 떨어지지는 않는다. 석탈해에서 유래했다는 설은 시기적으로 맞지 않은 측면이 있다. 『삼국사기』 권1 신라본기 남해 차차웅조에 '(2대 차차웅) 11년(서기 14) 낙랑인이 쳐들어왔다가 알천가에 주둔하면서 돌무더기 20개를 만들어 놓고 떠났다. 6부의 군사 1천 명이 이를 추격했는데, 토함산 동쪽으로부터 알천에 이르기까지 돌무더기가 있는 것을 발견하고 적이 많다고 여겨

중단했다'는 기록이 있다. 『삼국사기』에는 이미 서기 14년에 토함산이란 지명을 사용한 사실을 알 수 있다. 석탈해는 4대 왕으로서 재위기간이 57~80년까지다. 석탈해 이전에 이미 토함산이란 지명을 사용하고 있었다. 그렇다면 석탈해에서 유래했다는 설은 논리적 시기적으로 맞지 않은 것이다. 후대의 역사가가 역사를 기록하면서 후대에 사용한 지명을 선대에 이뤄졌던 사실과 혼용해서 사용한 결과인지, 아니면 실제로 시기적으로 앞선 지명인지는 분명치 않다.

오히려 운무와 경관적 측면에서 유래한 설은 실제와 유사하다. 토함산은 동해에서 불어오는 바람을 바로 막고 있어 실제 높지는 않지만 날씨는 매우 변화무쌍하다. 짙은 운무도 순식간에 사라지는가 하면 맑은 날씨가 순식간에 운무에 휩싸이기도 한다. 토함과 딱 어울리는 지명인 것이다.

토함산이란 지명이 석탈해에서 유래했다는 설은 조금 설득력이 떨어질지 몰라도 석탈해의 주요 근거지가 토함산인 것 만큼은 분명하다. 동악의 신, 즉 토함산의 신으로 좌정한 까닭도 그의 주요 활동무대였기 때문이다.

석탈해는 등장부터 토함산에서 시작한다. 외부 세력인 석탈해는 철기라는 새로운 문명을 지니고 동해를 통해 들어와 토함산에 터전을 잡는다. 토함산은 동해와 접해 있어 바다로 침입해 오는 외적의 침입을 항상 감시할 수 있는 상징적인 산이다. 『삼국사기』에는 숱한 외적의 침입기록이 나온다. 대부분 왜구들이 동해를 통해 노략질 한 기록들이다.

이 같은 사실로 볼 때 석탈해가 당시 가장 앞선 문명인 철기를 가지고 토함산으로 들어와 동악 토함산 산신으로 좌정한 건 외적의 침입을 막기 위한 당연한 조치로 보인다. 문무왕은 삼국을 통일하고 신라와 경주의 수호신으로 석탈해를 토함산 산신으로 좌정시키고, 본인은 왜구의 침입을 막기 위해 세계 최초의 수중릉에 안장할 것을 유언으로 남긴다. 산에서 왜의 침입을 감시하면서 바다를 통해 침입하는 왜를 무찌르려는 의도가 엿보인다. 문무왕의 아들 신문왕은 아버지의 수중릉을 보호하고 동해에서 토함산으로 들어오는 길목 하천 어구에 왜구의 침입을 감시하기 위해 감은사를 창건한다.

토함산 정상 새해 일출 7시25분쯤 될 듯

동악은 일출과 통한다. 토함산 정상 바로 아래 자리 잡은 석굴암의 불상 이마의 보석이 동해의 일출을 받아 반짝인다는 사실은 이미 널리 알려져 있다. 그 보석을 일제가 가져갔다는 설도 누구나 알고 있고, 지금은 가짜로 대체돼 있다. 일제가 가져간 그 보석이 어디 있는지는 아무도 모른다. 어쨌든 동악으로서의 토함산 일출은 상당한 의미를 지닌다.

한자로 東은 날 日과 나무 木의 합성어다. 나무 사이로 해가 떠오르는 모습이 東인 것이다. 동악의 의미가 만물을 잠에서 깨우는 생명의 탄생과 연결되고, 만물이 나오는 곳을 뜻한다. 동쪽은 하루 중에서 아침을 가리키며, 계절로는 봄, 일생에서는 성장기에 해당한다. 주역과 음양오행사상에서 동은 만물의 시초·생명의 탄생과 직결된다. 한자의 동과 우주의 원리가 모두 맞아떨어지는 동악인 것이다.

또한 중국의 오악에서 파악할 수 있는 음양오행이나 유불도 삼교합일은 한반도에서 찾을 수 없다. 유교에서는 동악을 성산聖山, 도교에서는 선산仙山, 불교에서는 영산靈山으로 부른다. 우리나라에서는 유불선 3교가 명확히 구분되지 않고 서로 사상적으로 조금 혼재된 있기도 하다.

하지만 토함산은 신라가 동악으로 지정한 이래 불교가 사상적으로 지배해 왔다. 종교의 본질적 측면에서 불교는 유와 무 사이의 차별 없음을 강조한다. 유교는 유를 중심으로 현상계를 설명하려 했고, 도교는 무위자연사상에서 보듯 무無사상을 확립하려 했다는 점이 특징이다. 우리는 불교가 수천 년 동안 한반도를 사상적으로 지배해 왔기 때문에 무와 유의 차이가 없는 평등사상의 원천이 토함산에 있지 않나 상상해본다. 새해 동악 토함산의 일출을 보면서 일출과 동악의 의미가 중첩되면서 토함산이라는 의미가 새삼스럽게 다가온다. 동해의 해가 떠오르면서 만물을 뻘겋게 물들여 하나로 만드는 그 현상이 어쩌면 이게 바로 새해의 의미일 수도 있겠다는 생각이 든다.

한국에서 새해를 맞으면 전국 어느 산에서나 일출을 보기 위한 등산객들이 붐빈다. 특히 3대가 덕을 쌓아야 볼 수 있다는 지리산에는 수천 명의 인파가 몰린다.

토함산에서도 동악의 의미를 알고 일출을 보는 건지는 몰라도 새해 일출을 보기 위해 엄청난 인파가 몰린다. 너무 많은 사람이 몰려 불국사 주차장에서부터 차량을 통제한다. 불국사에서 석굴암까지 도로로는 12km가량 되고, 등산로로는 3.6km 정도 된다. 토함산 정상까지 걸어서 가는 사람도 많다. 공단 직원들은 "새해 일출 인파는 매년 3천여 명쯤 되는 것으로 알고 있다. 사고를 미연에 방지하기 위해 적정 인원을 아예 토함산 입구 불국사주차장에서부터 통제한다"고 말했다.

새해 1월1일의 동해 일출 예정시각은 7시25분쯤 된다. 공단 직원은 "토함산은 정상에서만 조망이 확 트여 사방이 보이지만 등산로에서는 능선이나 나무에 가려 조망이 별로 좋지 않다"고 말한다. 일출을 보기 위해서는 정상까지 가야 한다는 얘기다.

토함산 일출을 보기 위한 정상으로 향하는 등산로는 모두 5개 코스. 불국사에서 올라가는 코스가 가장 많은 등산객이 이용한다. 거리는 3.6km로 약 2시간 잡으면 충분하다. 추령코스도 약 3.2km로 2시간 정도

토함산도 산의 형세로는 토체의 산에 속한다.

소요된다. 시부거리에서 토함산까지는 약 4.3km로 2시간 30분 가량 걸린다. 가장 단거리 코스는 탑골공원에서 정상까지로 불과 2.3km밖에 안 된다. 시간도 약 1시간 30분밖에 안 걸린다. 반면 가장 장거리 코스는 보불로에서 정상까지 7km 가량 된다. 시간은 2시간 30분 정도 잡으면 충분하다.

그런데 토함산 지도를 유심히 보다 새로운 사실을 하나 발견했다. 경주에 동악을 상징하는 日자가 많은 게 아니라 달을 상징하는 月자가 유난히 많았다. 토함산의 옛 이름이 토월산, 월함산이고, 왕궁이 있는 터가 월성이다. 동궁의 연못은 월지라고 했고, 동북쪽에는 함월산, 남쪽에는 남월산과 초월산, 서쪽엔 월생산(지금의 단석산)이 있다. 사방이 달에 갇힌 형세다. 신라의 달밤도 여기서 나온 것 아닌가. 이게 어찌된

일인가? 日이 너무 강해서 月을 보충하려고 한 것인지, 아니면 애초 동악을 지정할 때 일의 의미가 전혀 고려되지 않은 채 지정된 것인지….
그 의미까지 파악할 수 없다. 중국의 제도를 그대로 본떠서 하느라 깊은 사상을 파악하지 않아서인지, 우리의 산하엔 그 사상을 넣을 수 없었는지 그것 자체를 알 수 없다.

02

•

남악 지리산
한민족과 가장 오랜 기간 동고동락… **智異山·地理山** 어원 분명치 않아

한국에 지리산만큼 역사서에 많이 등장한 산도 없다. 『삼국사기』 『삼국유사』를 포함한 모든 역사서에 지리산은 어김없이 또한 수없이 등장한다. 다른 명칭으로 간혹 두류산頭流山·두류산頭留山·방장산方丈山· 방호산方壺山·불복산不伏山·덕산德山 등이 나타난다.

그런데 지리산을 가리키는 한자가 다양한 형태를 보인다. 智異山· 地理山·知異山·地異山·智理山 등이다. 경상대 최석기 교수가 한국 고전번역원 한국고전종합DB에서 지리산에 관한 명칭을 모두 검색한 바 에 따르면, 智異山이 805건, 智理山이 4건, 知異山이 10건, 地異山이 3건, 地理山이 13건, 頭流山은 449건, 頭留山은 4건, 方丈山은 243건, 方壺山은 6건이라는 것이다. 일부 오기일 수 있으며, 크게 智異山, 地理 山, 頭流山, 方丈山 등으로 나눌 수 있다.

『삼국사기』에 최초의 기록은 분명히 '地理山'으로 등장한다. 그러다 『삼국유사』부터 서서히 '智異山'이 나오기 시작한다. 이후 『고려사』부 터 거의 '智異山'으로 표현된다. 조선시대 들어서 선비들의 유산록에는

남악 지리산은 축융봉을 반영하듯 저울의 형세를 띤다.

주로 두류산으로 나타난다. 이는 조선 선비들이 백두산부터 지리산까지 우리 영토의 큰 축으로 보는 민족의식이 싹 턴 발로로 판단된다. 두류산 은 백두산에서 흘러내려 온 산이란 의미로 명명됐다. 하지만 '地理山' '智異山'의 유래에 대해서 다양한 해석이 난무하지만 정설로 알려진 어원 은 전혀 없다.

　지리산은 그 오래된 역사만큼이나 우리 민족의 애환과 같이 했다. 어쩌면 동악 토함산보다 더 동고동락을 해왔을지 모른다. 오악 중 남악으 로 지정한 건 지극히 당연한 결과일 것이다.

　중국의 남악은 형산衡山(1,300.2m). 오히려 지리산(1,915m)보다 낮다. 도교에서는 제3 소동천이라 부른다. 형산 정상 봉우리가 축융봉祝融峰이 다. 옛날에는 수악산壽岳山이라 불렀다. 축융봉은 장수를 축복하는 이름이다. 많은 사람들이 향을 들고 축융봉에 가서 소원을 빌며 장수를 기도한다.

그런데 축융봉과 장수가 무슨 관계가 있을까? 축융봉 올라가는 길 곳곳에 장수를 상징하는 '목숨 壽'자가 붉은 글씨로 바위에 새겨져 있다. '祝'자는 우리에게는 '기리다' '축하하다'는 뜻이지만 중국에서는 '오래되다' '지속되다'는 의미다. 또 '融'자는 융합의 의미이지만 중국에서는 '광명'이란 뜻이다. 따라서 오래도록 광명을 발하다는 뜻이 장수하다로 해석되는 것이다. 불교식으로는 무량수전無量壽殿이다.

고대 천문역법에서도 남악 형산은 28진성軫星을 나타낸다고 한다. 이 28진성이 바로 인간의 목숨을 관장하는 별이다. 칠성신앙의 다섯 번째 별인 염정성과 관련 있다. 이 염정성도 수명을 관장한다. 염정성은 또한 오행에서 화체의 산이다. 화체는 산 정상이 톱날같이 생겨 불꽃같은 형상을 띤 산을 말한다. 바로 지리산 천왕봉이다. 어머니의 산 같이 육산으로 포근하게 감싸다 정상에서만 불꽃처럼 날카롭게 솟은 형국이다.

지리산에는 매년 새해 천왕봉이나 반야봉·노고단 봉우리마다 일출을 맞으려는 사람들로 넘쳐난다. 무병장수뿐만 아니라 만사형통, 자녀들의 좋은 성적, 승진 등을 기원하며 한 해를 맞이한다. 무병장수 건강의 상징 남악 지리산이다.

03

●

서악 계룡산
금계포란과 비룡승천으로 대표되는 '금체의 산'

중국의 서악 화산華山은 우뚝 솟은 바위들로 연봉을 이룬다. 마치 그 모습이 활짝 핀 꽃과 같다. 그래서 청나라 문인 위원魏原은 '화산여립華山如立'이라 했다. 기암절벽으로 가득한 산봉우리들을 에둘러 표현한 것이다.

풍수학자들은 화산의 산 전체가 화강암으로 이뤄진 통바위산으로, 강력한 기氣가 흘러나와 남성적 강인함을 느낄 수 있다고 한다. 전형적인 '금체의 산'이다. 오방색은 붉은 색. 화산 가는 길에 '자기동래紫氣東來'라는 문구가 자주 나온다. '자줏빛 상서로운 기운이 동쪽에서 온다'는 의미다. 노자가 동쪽에서 상서로운 기운을 몰고 서서히 서쪽으로 왔다고 데서 유래했다. 그래서 중국인들은 붉은색을 좋아한다. 이후 복을 부르는 형태로 정착했다고 전한다.

중화라는 말도 화산에서 나왔다. 삼국지의 조조는 "중원을 지배하는 자, 천하를 얻는다得中原者得天下"고 했다. 그 중원의 중中과 화산의 화華가 합쳐져 지금의 '중화中華'가 된 것이다. 고대국가에서 화산은 그만큼 중요

중국 오악 기행

한 위치에 있었다. 중원 천하를 통일한 황제는 반드시 화산에 오르거나 화산을 향해 제사를 지냈다. 고대 56명의 황제가 화산을 순유하고 제사를 지냈다고 한다.

한국의 서악은 계룡산鷄龍山(847m)이다. 중국의 화산에서 느낄 수 있는 우뚝 솟은 강력한 기운까지는 아니지만 나름 기운을 느끼게 해준다. 조선 태조 이성계가 계룡산의 기운과 형세에 반해 수도로 지정할 뻔했다.

계룡산 능선 줄기는 용이 휘감아도는 듯한 형세를 띠고 있다.

계룡산도 고대부터 변하지 않은 지명이다. 한때 계람산이라고도 했지만 역사서 대부분 계룡산 그대로 나타난다. 당나라 백과사전 『한원翰苑』에 '나라(백제)의 동쪽에 계람산이 있다'는 기록이 나온다. 고대부터 명산으로 중국에까지 이름을 떨쳤던 것으로 보인다. 하지만 이후 계룡산으로 바뀐다. 통일신라 『삼국사기』에 서악 계룡산으로 역사의 전면에 등장한다.

고려시대에는 풍수사상이 국토를 인식하는 주요 기준이 됐다. 산줄기의 모양새와 자태를 용으로 보는 풍수사상이 유행했다. 이에 따르면 계룡산의 형세는 회룡고조回龍顧祖(용이 휘돌다가 머리를 돌려 처음을 돌아보는 형국)에 해당한다. 실제로 지도에 나타난 계룡산의 형세도 용의 모습과 별로 틀리지 않다. 용이 꿈틀거리면서 고을을 에워싸고, 머리를 돌려 고을을 지켜보는 용의 역동적인 모습과 함께 두 눈도 뚜렷하게 나온다.

조선 들어서 이중환은 『동국명산록』에 계룡산을 오관산(개성), 삼각산(한양), 구월산(문화)과 함께 나라 4대 명산의 하나로 꼽았다. 그 산수미학적 근거로 "산 모양은 수려한 돌로 된 봉우리라야 산이 수려하고 물도 맑으며, 강이나 바다가 서로 모이는 곳에 터를 잡아야 큰 힘이 있다"는 것이다. 이처럼 조선시대 계룡산의 지정학적, 신앙적, 산수미학적인 명산 이력으로 인해, 한국의 가나안 복지처럼 명당으로 여겨져 왔다. 아쉽지만 산업화로 신도안이라는 한국의 성지는 모두 사라졌다. 계속 있었다면 세계문화유산에 등재됐을지도 모를 일이다. 명산의 영지로 세계인이 찾았을 텐데….

'기험천하제일산奇險天下第一山', 중국 서악에 들어서면 가장 먼저 눈에 들어온다. 천하제일로 기이하고 험한 명산이라는 의미다. 한국의 계룡산은 금계포란과 비룡승천으로 통한다. 황금닭이 알을 품고 있는 동시에 용이 하늘로 오르는 형세의 산이다. 그나마 산의 형세만이라도 중국의 서악과 조금 닮은 측면이 있다. 하지만 그 속에 내재된 음양오행이나 유불도 삼교합일 같은 사상은 전혀 찾아볼 수 없다. 우리나라의 산에는 오로지 불교만 있는 것 같다.

●

북악 태백산

북악은 '수체의 산'… 태백산도 수체?

북악항산지유北岳恒山之幽. 북악 항산은 깊어 아득하다는 의미며, 중국 항산을 지칭하는 말이다. '수체의 산'으로 산 형세가 물결처럼 흐르는 모양이다. 실제 정상에 올라 주변을 둘러보면 사방이 물결치듯 넘실거린다.

오악은 오행五行과 깊은 관련이 있다. 산 모양을 오행과 연관시켜 방향에 따라 목(동), 화(남), 토(중), 금(서), 수(북) 다섯 가지로 분류한다. 목체木體는 붓의 끝처럼 삼각형 모양으로 생긴 산이다. 보통 문필봉文筆峰으로 부르는 산이다. 화체火體는 불꽃처럼 뾰쪽 뾰쪽하게 솟아있는 바위산이다. 합천 가야산이나, 영암 월출산이 여기에 해당한다. 토체土體는 테이블이나 두부처럼 평평한 모습이다. 남아프리카 공화국의 케이프타운에 있는 '테이블 마운틴'이 토체의 전형적인 형태이다. 금체金體는 바가지나 철모처럼 둥그렇다. 수체水體의 산은 봉우리들이 물결처럼 밋밋한 모습으로 흘러가는 모양을 가리킨다.

신라 북악이었던 태백산 능선 줄기가 얼핏 물결치는 모양을 띤 듯하다.

한반도의 북악 태백산도 수체의 산으로 물결 흐르는 형세인지 살펴
보자. 태백산은 역사 기록에 가장 먼저 등장한 오래된 산이다. 한민족의
단군 시조와 함께 했다. 하지만 『삼국유사』에 나오는 태백산과 북악
태백산은 조금 다른 듯하다. 『삼국유사』 제1권 기이편에 '환웅은 삼천
명의 무리를 이끌고 태백산太伯山 꼭대기에 신단수 아래로 내려와서 그곳
을 신시神市라고 불렀다. 이 분을 바로 환웅천왕이라고 한다. 환웅천왕은
풍백風伯・우사雨師・운사雲師를 거느리고, 곡식・생명・질병・형벌・
선악 등 인간 세상의 360여 가지 일을 주관하여 인간세상을 다스리고
교화시켰다. (중략) 단군은 장당경藏唐京'으로 옮겼다가 후에 아사달로
돌아와 숨어서 산신山神이 되었으니, 나이가 1908세였다' 라고 나온다.
환웅의 태백산과 『삼국사기』 태백산은 '太伯山'이지만 북악 태백산은
'太白山'이다.
　　조선시대 허목의 『기언記言』 제28권에는 '문수산 정상은 모두 흰 자

갈이어서 멀리서 바라보면 눈이 쌓인 것 같으니, 태백이란 명칭이 있게 된 것은 이 때문'이라는 기록이 있다. 단군의 태백산과 북악 태백산이 확실히 다르다는 사실을 알 수 있게 해준다.

『조선왕조실록』세조편에는 '(세조 2년) 명산대천의 제사는 모두 삼국과 전조의 구제를 의방해서 한 것이므로, 의논할 만한 것이 많이 있습니다. 용흥강은 우리 태조께서 흥운하신 땅이고, 묘향산에 이르러서는 단군이 일어난 곳이며, 구월산에는 단군사가 있고, 태백산에는 신사神祠가 있는 곳이며, 금강산은 이름이 천하에 알려졌고…, (중략) 삼각산을 중악, 금강산을 동악, 구월산을 서악, 지리산을 남악, 장백산을 북악으로 삼고, 백악산을 중진으로, 태백산을 동진으로, 송악산을 서진으로 삼고…. (후략)' 등으로 기록하고 있다. 태백산은 신라시대 북악이었고, 고려시대에도 국가적으로 제사 지내는 장소였으며, 조선시대에도 동진일만큼 분명한 명산이었다.

통일신라가 태백산을 북악으로 지정하기 전에는 고구려나 소국가의 영토일 가능성이 높다. 신라가 통일한 영토의 국방 통치차원에서 북악으로 지정했기 때문이다. 그렇더라도 지금 태백산은 정상 천제단에서 하늘에 제사를 지낼 뿐만 아니라 무속인들이 수시로 찾아 제사를 올린다. 그만큼 영발이 있고 신성한 산이라는 의미다.

중국 오악 기행

중악 팔공산
중악은 '토체의 산'이지만 토체로 보기 힘들어…

삼국지의 조조는 "중원을 지배하는 자, 천하를 얻는다得中原者得天下"라는 말을 했다. 중원은 세계 4대문명 발상지이자 중국 문명의 발원지다. 또한 대륙의 교통 요충지이다. 유장하게 흐르는 황하강을 곁에 두고 중국 최대 곡창지대인 화북평야가 있고, 중국 최대의 고도古都로 꼽히는 낙양洛陽과 정주를 거쳐 대륙의 모든 교통이 지나간다. 그 중원에 '천지지중天地之中' 중악 숭산嵩山이 솟아 있다. 하늘과 땅의 중심이 중원이라는 말이다. 고대 중국은 중원에 수도를 뒀다. 낙양과 서안이다. 특히 낙양에 중악 숭산이 있고, 달마의 소림사가 있다. 오악의 핵심이다.

오악과 직접적인 연관성을 가진 오행은 목, 화, 토, 금, 수를 말하며, 이 순서에 따라 움직인다. 이 중 토가 황색이며 정중앙에 있다. 그래서 중악이고 중원이라는 의미다. 중악과 오행, 그리고 황색이 전혀 상관없는 듯이 보이지만 밀접하게 얽히고설킨 관계를 가지고 있다.

통일신라도 오악을 지정한 뒤 중원으로 옮길 계획을 세운다. 신문왕 9년(689) 경주에서 중악 공산으로 수도를 천도할 움직임을 보였다.

팔공산 정상 부근은 우뚝 솟았지만 주변 능선은 완만하게 흐른다.

귀족들의 강력한 반발로 무산됐으나 그 지명에 중악의 중요성이 담겨 있다고 일부 학자들은 주장한다. '부악父岳'이란 지명은 말 그대로 '아버지의 산'이란 뜻이다. 경북대 주보돈 교수는 "신라의 지배세력인 김씨 세력의 발상지일 것"이라고 추측했다. 김씨 세력들이 경주로 들어가기에 앞서 대구 부근에 정착했기 때문에 아버지의 산으로 불렸다는 주장이다.

　오악 중 유일하게 별칭을 가진 부악은 공산公山이라고도 했다. 공산은 국가의 공식적인 산이라는 의미와 신성한 산이라는 두 가지 주장으로 나뉜다. 공식적인 산이라는 의미는 신라 지배세력인 김씨들의 발상지였기 때문이라는 설이다. 경북대 문경현 명예교수는 "공산의 어의는 곰뫼란 뜻이다. 곰을 한자로 표기하기 위해 공으로 적었고, 곰은 북반구에서 널리 숭배되던 토테미즘사상으로서 신성시 된 동물이었고, 그것을 산에 그대로 적용했다"고 주장했다.

중국 오악 기행

『조선왕조실록』 세종실록지리지에 공산을 두고 '해안현 북쪽 11리 거리에 있다. 신라 때는 부악이라 일컫고, 중악에 비겨 중사中祀를 지냈는데, 지금은 수령守令으로 하여금 제사를 지내게 한다'고 기록하고 있다.

『신증동국여지승람』 제26권 경상도 대구도호부에는 '공산·팔공산이라고도 일컫는데, 해안현에서 북으로 17리에 있다. 신라 때에 부악이라 일컫고, 중악에 비겨 중사를 지냈다. 팔공산을 둘러싸고 있는 것은 대구도호부 및 하양, 신녕, 부계, 인동, 팔경 등의 읍이다'라는 내용이 있다. 『여지도서』 대구 산천조에는 '팔공산은 해안현 북쪽 17리에 있는데, 신라 때 부악 또는 중악이라 했으며, 중사를 지냈다'는 내용이 전한다. 부악 혹은 공산으로 불리다가 조선시대 들어서 팔공산으로 명명된 사실을 알 수 있다. 왜 팔공산으로 됐는지는 정설은 없으나 8개의 봉우리 때문이라는 설이 유력하다.

오악의 중악으로써 공산 혹은 부악으로 불리며 갓바위와 함께 불교 문화를 꽃 피웠던 팔공산은 원효의 수도처로서, 김유신의 훈련장으로서, 일연의 도량터로서 수천 년 동안 명산으로서 유명세를 알렸다. 유불도 삼불의 흔적보다는 불교 유적이 대부분이다. 역시 한반도는 불교의 국가였던 사실은 산에 가면 금방 알 수 있다.

산은 사시사철 순환하는 자연을 담는 그릇이다. 봄, 여름, 가을, 겨울 순환하는 사계절을 담고 있으며, 신과의 접합 장소이기도 했다. 다시 말해 산은 작은 우주로서 보고 느끼는 실체적 대상이었을 뿐만 아니라 경외심을 주는 숭배와 관념의 대상으로서 기능을 했다.

신은 인간의 유한성을 대변하는 개념이다. 유한한 인간이 무한한 자연과 우주에 대한 경외심의 결과로 만든, 혹은 낳은 결과라고 생각한다. 그래서 신은 절대적 개념을 가진다. 적어도 동양적 신의 개념에 있어서는 그렇다.

인간을 소우주라고 한다. 작은 우주보다 더 작은 개념이다. 인간의 오장육부를 포함한 모든 신체 기관은 우주와 연결된다고 보는 게 동양의 한의학이다. 실제 그럴 듯한 부분이 많다.

그렇다면 우주와 산과 인간은 하나의 동일체 개념으로 파악할 수 있다. 이른바 삼위일체이다. 삼위일체는 음양오행의 핵심사상인 천지인과 연결된다. 천지인의 실체적 대상에 음과 양으로 순환하는 이치를 관념의 대상으로 체계화 시켜 융합시킨 학문과 사상이 바로 음양오행이다.

종교는 인간의 유한성의 결과물이다. 믿고 보는 것이 종교이고, 보고 믿는 것은 과학이다. 종교와 과학의 근본적인 차이이다. 보고 믿는 것은 제한적이다. 인간의 유한성으로 인해 전체를 다 볼 수가 없고, 인간이 아는 것만 또는 보는 것만 믿을 수 있기 때문이다. 하지만 믿고 보면 보지 못한 것을 볼 수도 있다. 때로는 과장될 수도 있다. 나아가 인간을 현혹시킬 수도 있다. 혹세무민으로 나타났고, 그 때마다 혹독한 대가를 치렀다. 도가 아니고 정법이 아니었기 때문이다. 믿고 보는 것의 부정적 부분이다. 그렇다고 믿고 보는 내용을 부정할 수는 없다. 왜냐하면 인간의 유한성으로 인해 알지 못하는, 보지 못하는 부분이 무한하기 때문이다. 알지 못하고, 보지 못하는 부분에 대한 궁금증 때문에 종교가 만들어졌다고 생각한다.

동양의 종교는 기본적으로 다신이다. 다신이 될 수밖에 없다. 인간의 유한성을 일찌감치 인정했기 때문이다. 무수히 많은 신들이 존재한다. 때로는 인간을 신으로까지 만들기도 한다. 동양의 종교는 불교와 유교, 도교, 이른바 유불도 삼교이다. 유불도에는 무수히 많은 신과 사상이 존재한다. 특히 가장 늦게 출발한 도교는 불교와 유교까지 아우르는 경전을 만들었다. 도교에서 반드시 읽어야 할 3대 경전은 불교의 『(반야바라밀다)심경』, 유교의 『효경』, 그리고 노자의 『도덕경』이다. 유불도 삼교의 가장 핵심 경전을 도교의 주요 경전으로 꼽아 놓은 것이다. 동양의 다른 종교에 대해 배타적일 수가 없는 본질을 띤다고 해도 과언이 아니다. 정말 놀라지 않을 수 없다.

송나라 효종은 일찌감치 유불도 삼교에 대해 이불치심, 이도치신, 이유치세라고 정의했다. 불교로서 마음을 다스리고, 도교로서 신체를 다스리고, 유교로서 세상을 다스린다고 했다. 후세의 시각으로 세 종교를 가장 적확하게 표현했다고 볼 수 있다. 효종에 의하면 중국에서는 유불도 삼교가 필수적일 수밖에 없다.

중국의 오악에는 천지인과 음양오행, 그리고 유불도 삼교가 고스란히 녹아들어 있다. 동악 태산, 서악 화산, 남악 형산, 중악 숭산, 북악 항산마다 각각의 음양오행과 오방, 오성, 오색, 오수, 그리고 각각의 신까지 내포하고 있다. 역으로 오악을 기행하면 음양오행과 유불도 삼교를 볼 수 있다. 그 일관성과 통일성에 섬뜩할 정도의 느낌을 준다. 처음에 하나둘 보다가 접하면 접할수록 그 깊이에 놀라지 않을 수 없다. '내가 피상적으로 알고 있던 중국이 이런 정도의 중국이었구나' 하고 고대로부터 중국의 문물을 받아들인 배경을 일부 알게 된다.

한국의 오악을 바로 찾았다. 아쉽지만 다른 문물은 더욱 더 깊이 있게 승화 발전했지만 오악에 대해서만큼은 피상적으로, 변질된 형태로 나타났다. 내가 이제까지 파악하지 못했을 수도 있지만 한국의 오악에 중국 오악 흔적을 오악이란 명칭 외에는 도저히 찾을 수 없었다. 더 깊이 있게 찾으면 나올지도 모를 일이다. 이 책은 그 밑바탕을 제공한다고 장담한다. 앞으로 누군가에 의해 한국의 산도 그 깊이와 사상이 더욱 더해졌으면 하는 바람이다. 물론 나도 계속 관심을 갖고 정진할 것이다.

중국 오악에서 봤듯이 산은 단순한 산이 아니다. 등산의 대상으로서 실체적 대상으로만 아니고, 사상과 학문이 더해진 관념의 대상으로서 산이라는 두 가지 의미를 동시에 가진다. 나는 두 가지 작업을 앞으로 계속 진행할 예정이다. 그것이 바로 우주와 작은 우주, 소우주의 깊은 의미를 조금이라도 더 파악하는 하나의 방법이라 생각한다.

이 책이 나오기까지 조금이라도 도움을 주고 정보를 제공한 모든 사람들에게 지면을 빌어 감사의 뜻을 전한다. 이 책을 대중에게 알릴 기회를 제공해준 출판사에도 역시 감사의 뜻을 전한다.

문화와
역사를
담 다
0 2 6

중국 오악 기행

초판1쇄 발행 2021년 2월 10일

지은이 박정원
펴낸이 홍종화

편집 · 디자인 오경희 · 조정화 · 오성현 · 신나래
    박선주 · 이효진 · 최지혜 · 석수연
관리 박정대 · 임재필

펴낸곳 민속원
창업 홍기원
출판등록 제1990-000045호
주소 서울 마포구 토정로25길 41(대흥동 337-25)
전화 02) 804-3320, 805-3320, 806-3320(代)
팩스 02) 802-3346
이메일 minsok1@chollian.net, minsokwon@naver.com
홈페이지 www.minsokwon.com

ISBN 978-89-285-1545-5
S E T 978-89-285-1054-2 04380